*本书系海南师范大学通识教育公共限选课程教学改革研究项目"大学生心理健康教育改革实验研究"（编号：30101011117）研究成果
*本书系海南师范大学学术著作出版资助项目资助出版

精彩人生从心起航
——大学新生心理健康认知

房 娟 著

科学出版社

北京

内 容 简 介

为了更好地帮助大学新生适应新环境，提高心理承受能力，疏导心理困扰，扫除情绪障碍，促进其全面发展、顺利完成学业，本书结合心理案例，对大学新生进行针对性的心理学知识教育，并结合专业心理测试及心理拓展训练，帮助大学生学习认识心理健康知识，使其健康成长。

本书适合大学新生、心理咨询专家、高校行政管理人员等阅读。

图书在版编目(CIP)数据

精彩人生从心起航：大学新生心理健康认知/房娟著.—北京：科学出版社，2019.2

ISBN 978-7-03-060531-3

I. ①精… II. ①房… III. ①大学生－心理健康－健康教育－教学参考资料 IV. ①G444

中国版本图书馆 CIP 数据核字(2019)第 026357 号

责任编辑：郭勇斌 欧晓娟 / 责任校对：李 影
责任印制：徐晓晨 / 封面设计：刘云天

科学出版社 出版
北京东黄城根北街16号
邮政编码：100717
http://www.sciencep.com

北京中石油彩色印刷有限责任公司 印刷
科学出版社发行 各地新华书店经销

*

2019年2月第 一 版　开本：720×1000　1/16
2020年11月第二次印刷　印张：11 1/2
字数：200 000

定价：49.00元
(如有印装质量问题，我社负责调换)

前　言

每一位高中生，在经历了激烈的高考之后，心情会由热切期盼转变为大学录取后的尘埃落定，再独自背起行囊，满怀憧憬迈进大学校园，成为一名大学生，开启人生旅途中的新篇章。

踏入大学校园的一年级新生面临着陌生的环境、来自不同地方的同伴、未曾探入的知识海洋、不同以往中小学的高校老师授课方式及大学新的学习方法等，这些变化都会给他们带来各种压力，使大学新生感到迷茫、困惑、不知所措。这些不稳定的心理状态会给他们的学习和生活带来极大的压力，可能会对他们的心理产生严重的负面影响，导致他们的行为出现偏差，严重的还可能导致犯罪，无法顺利完成学业。

本书旨在更好地帮助大学生适应新环境、提高心理承受能力，疏导他们的心理困扰，扫除情绪障碍，促进其全面发展，顺利完成学业。心理健康教育是学校对大学生普及心理健康知识、提高心理素质和行为养成教育的主要渠道，是大学生不断完善自我，提升自我的有效途径。

本书坚持发展性心理健康教育理念，立足于学生的心理发展需要，根据国家对心理健康教育要求的基本原则，注重从学生的实际需要出发选择学习内容，教育目标切实可行，加强学习的针对性、实用性；注重融入学科发展的最新理论，强调知识体系的科学性、先进性，内容合理精练，突出了丰富性和创新性；模式新颖别致，突出了经验性和实践性。使学生获得较完整的心理健康知识，提高学生的认识水平和心理调控能力；旨在提高大学生心理素质，帮助大学生健康成长。本书内容编排上分为大学生心理健康教育概述、大学生的适应心理教育、自我意识、健全人格、情绪管理、人际交往、学业成就、心理危机干预与预防，以及人生目标九个部分，每部分由心理案例、心理知识、心理测试、心理拓展训练四个板块组成。

希望本书不仅能让大学生学习心理健康知识，同时还能从具体的案例及案例分析中更感性、直观地了解心理的常见问题，更好地对自己的心理问题进行分析，进行心理疾病的预防等。

本书在编写过程中参阅了国内外大量相关文献与著作，借鉴了国内外专家、学者的研究成果，在此表示衷心的感谢。同时，本书的出版得到了海南师范大学学术著作出版资助项目的资助及科学出版社的大力支持，在此一并表示衷心的感谢。

由于作者水平能力有限，书中难免有不足与疏漏之处，敬请各位同行、专家及广大读者批评指正。

房　娟

2018年7月

于海南师范大学

目 录

前言

1 大学生心理健康教育概述 ... 1
1.1 心理案例 ... 2
1.2 心理知识 ... 4
1.2.1 心理健康教育的缘起 ... 4
1.2.2 心理健康与心理健康教育 ... 8
1.2.3 大学生常见的心理问题 ... 11
1.3 心理测试 ... 12
1.4 心理拓展训练 ... 13

2 大学生的心理适应 ... 14
2.1 心理案例 ... 15
2.2 心理知识 ... 15
2.2.1 适应与适应心理界定 ... 15
2.2.2 大学新生常见心理适应问题 ... 17
2.2.3 大学新生心理适应调适策略 ... 18
2.2.4 大学新生心理适应三阶段 ... 20
2.3 心理测试 ... 21
2.4 心理拓展训练 ... 24

3 大学生的自我意识 ... 26
3.1 心理案例 ... 27
3.2 心理知识 ... 28
3.2.1 自我意识的内涵与结构 ... 28
3.2.2 大学生自我意识的冲突与调适 ... 30
3.2.3 大学生自我意识矛盾冲突的解决途径与调适方法 ... 33

| | 3.3 | 心理测试 | 36 |
| | 3.4 | 心理拓展训练 | 40 |

4 大学生的健全人格 · 42

	4.1	心理案例	43
	4.2	心理知识	43
		4.2.1 人格概述	43
		4.2.2 健全人格概述	46
		4.2.3 常见的不健康人格类型	48
		4.2.4 常见的人格障碍类型	52
		4.2.5 大学生健全人格的培养途径	57
	4.3	心理测试	59
	4.4	心理拓展训练	60

5 大学生的情绪管理 · 62

	5.1	心理案例	63
	5.2	心理知识	63
		5.2.1 认识情绪	63
		5.2.2 情绪 ABC 理论	66
		5.2.3 大学生常见不良情绪的管理	68
	5.3	心理测试	72
	5.4	心理拓展训练	73

6 大学生的人际交往 · 74

	6.1	心理案例	75
	6.2	心理知识	75
		6.2.1 人际交往的内涵	75
		6.2.2 人际交往中的心理效应	77
		6.2.3 大学生人际交往常见的人际关系类型	78
		6.2.4 大学生人际交往和谐的标准与建议	80
		6.2.5 大学生人际交往原则	81
	6.3	心理测试	84
	6.4	心理拓展训练	85

7 大学生的学业成就 87
7.1 心理案例 88
7.2 心理知识 88
7.2.1 大学的学习模式与特点 88
7.2.2 大学生学习心理的特点 91
7.2.3 大学生常遇的学习心理问题 93
7.2.4 大学生常遇学业问题解决策略 94
7.3 心理测试 96
7.4 心理拓展训练 100

8 大学生心理危机干预与预防 101
8.1 心理案例 102
8.2 心理知识 103
8.2.1 大学生心理危机的界定 103
8.2.2 大学生心理危机产生的诱因 106
8.2.3 大学生心理危机的特点 109
8.2.4 大学生心理危机的类型 110
8.2.5 大学生心理危机的诊断 112
8.2.6 大学生心理危机的干预 114
8.2.7 大学生心理危机的预防 117
8.3 心理测试 121
8.4 心理拓展训练 125

9 大学生的人生目标 126
9.1 心理案例 127
9.2 心理知识 129
9.2.1 在校大学师范生人生目标取向现状 129
9.2.2 大学生如何定位自己的人生目标 131
9.2.3 影响大学生实现自己人生目标的因素 133
9.2.4 大学生如何实现自己的人生目标 136
9.3 心理测试 141
9.4 心理拓展训练 142

参考文献 ··· 144

附录1 普通高等学校学生心理健康教育工作基本建设标准（试行） ········ 151

附录2 高等学校学生心理健康教育指导纲要 ································ 157

附录3 哈佛大学推荐的20种保持人生快乐的方法 ·························· 163

附录4 大学生的人生标杆问卷 ·· 170

后记 ··· 173

1 大学生心理健康教育概述

健康的心理是我们拥有美好生活的基础与保障,是我们面对人生困难与挫折的力量源泉。

本章首先主要讲述心理健康教育的缘起,以及心理健康教育在国内外的发展现状;其次阐述了心理健康教育概念的内涵及界定;最后提出了大学生心理健康的标准。

Ψ1.1 心理案例

马加爵事件

2004年2月13—15日，云南大学生命科学学院生物技术专业学生马加爵在鼎鑫学生公寓6栋317室，用重锤杀害了他的四个同窗，制造了一起全国高校罕见的令人震惊的四人命案。3月15日，马加爵在海南三亚落网。马加爵事件，对他自己，对他的家庭，对受害者及其家人，对我们的教育而言，都是一个惨痛的教训，令人深思。

面对马加爵事件，我们提出了很多疑问："风华正茂的马加爵为什么会去残忍地杀害自己的同学？""杀人行为背后的心理原因是什么？""马加爵是怎样一个人？""作为大学生的马加爵存在哪些人格缺陷和不解的心结？""马加爵事件留给我们的反思是什么？"

下面我们一起就此事件从心理学的角度来作些分析。

马加爵的心理人格分析

马加爵的人格是有缺陷的、有障碍的，他的人格障碍类型为边缘型人格障碍。冰冻三尺非一日之寒，边缘型人格障碍的形成时间较长，有一个不良心态的累积过程，它的发生经常与幼年的心理发育不良、儿童期精神创伤及成长经历中人际关系的失败有关。心理发育不良源于早年亲子关系的不和谐，主要表现为亲人误读或漠视孩子的需求，即孩子的情感依附对象不能正确理解他的行为所表达的含义，不能对他的要求做出合适的反应。主要表现在以下几个方面。

（1）表面朴实却敏感多疑，极度自卑。奥地利著名心理学家阿德勒（Adler）在《自卑与超越》一书中认为，自卑是人的行为的原始决定力量，人对某些缺陷的补偿是自卑的重要内容和表现。

（2）渴望温暖、友爱，却处理不好人际关系，缺乏安全感，灵魂深处非常孤独。马加爵平时有两种突出行为表现：一是有意把头发剪得很短，这样看起来比较凶悍；二是喜欢在夜深人静的时候上网浏览并下载武侠小说。也许只有这样的方式和这样的夜晚才能让他找到安全感。

（3）面对现实中与他人的差异无法适应，社会公平感严重缺失，仇视社会。马加爵早在上初中的时候，心里就有许多不平衡，把"公平"看得很重。在当今社会生活里我们每个人都会遇到种种原因所带来的现实差异，比如，经济上的贫富差异，地域上的城乡差异，文化上的传统与现代、都市与乡村、虚拟与现实及中西文化差异等。现实差异会给人们带来心理反差，我们只有敢于、勇于去面对这种现实，以积极的心态去认识、适应并改变它，做有效的自我调整，才能达到心理平衡，维持心理健康。但是，我们看到，马加爵在生活中和别人相处，当发现自己在很多方面不如别人的时候，他无法承受、适应这种心理反差，不能进行有效的自我调整，他的心理无法达到一种平衡。他的社会公平感严重缺失，认为社会存在极大的不公平。他的内心充满了抱怨与仇恨。

（4）自负、好胜、自尊心很强却毫无自我价值感，内心十分压抑，丧失自尊。每次同别人闹不愉快，他从不反思自己，总认为是别人找麻烦。

（5）缺乏自我认识，对前途感到迷惘。正确的自我观、人生观和价值观是个体健康人格结构中的一个重要组成部分，是个体心理健康的基石。然而，在大学里，马加爵不善言辞，人际交往相对乏能，在生活、学业、人际交往等方面有许多不如意，他感到处处不如别人，只看到自己的缺点，看不到自己的优点，拿自己的缺点与他人的优点相比较，看不到自己的前途，这导致了他成为自卑者、失败者。

马加爵事件的反思

考察马加爵的经历，是一个悲剧，它留给我们的反思是什么？

对于个体来说，什么是正确的人生观、价值观？怎样正确认识自我、完善自我？怎样与他人相处？怎样面对挫折、失败？怎样排解心中不良情（心）结？这些都值得每一个人深思。

马加爵事件也使我们认识到，个体在社会转型期和人生的转折点，一定要调整好自己的心态，树立正确的自我观、人生观、价值观，正确认识自我，用积极的人生观去面对现实、应对挫折，这样才能实现自己的人生理想；反之，在价值观念日趋复杂化、多元化的社会里，一个人极易迷失自己，并最终丧失自己。

马加爵事件更让我们看到心理健康教育的重要性和必要性，每一个人都要关注自己的心理健康。正如联合国专家断言：时代呼唤心理健康，人才需要心理健康，健康心理将成为21世纪对人才的无声选择。

我们满心盼望能够通过心理健康知识的普及、心理案例的教育及相关的心理测试，帮助每一位大学生更好地认识自我、不断地提升自我、逐渐地完善自我，将来能够成为祖国所期盼的有文化、有学识、有能力、身体健康、人格健全的新型人才，为祖国建设奉献自己的一份力量。

Ψ1.2 心理知识

1.2.1 心理健康教育的缘起

1.2.1.1 心理健康教育的产生与发展

心理健康教育最早的雏形是"心理辅导"。心理辅导这种教育服务的形式最早出现在美国，它的起源可追溯到1900年。由于当时工业革命的影响，美国的纽约、芝加哥、波士顿和底特律等大城市的工商业迅速发展，加上各地移民大量涌入，社会问题与日俱增，给人们的生活带来了许多忧虑和困扰。为了顺应这种社会发展现状，心理辅导工作便应运而生了。

1908年，心理学家帕森斯（Parsons）在波士顿成立了一个职业辅导中心，专门辅导青年人对自我能力和志趣的认识，以便其寻找到合适工作。这项服务在美国大受欢迎，帕森斯被誉以"辅导之父"的美称。与此同时，美国一位大学生比尔斯根据自己患躁郁症住进精神医院的亲身经历和体验，出版了《一颗找回自我的心》一书，引起美国大众对心理卫生工作的注意和重视。1909年，由比尔斯发起成立了美国全国心理卫生委员会，其宗旨是防止心理异常和精神疾病的产生，增进人的心理健康。

当心理辅导运动在美国各地兴起的时候，心理辅导作为学校教育的一门科目也在社会发展形势的求下设立了。辅导员由一般教师兼任，辅导内容主要有心理健康辅导与职业辅导，辅导方法主要是一对一的面谈，提供经验性的帮助。那时缺少辅导的理论指导，也缺少谈话的技巧及评定手段等技术。

在第二次世界大战后，心理辅导逐渐发展成为一门学术性的学科，心理测验和辅导技巧也日益受到重视。学校的心理辅导内容也不再限于职业或适应问题，而对个人的全面发展问题给予更多的关注。再后来，逐渐产生了各种注重个性和人的整体发展的辅导模式，尤其是以情感交流为基础的新型辅导方式越来越受到重视。如心理学家卡尔·罗杰斯（Carl Rogers）在1942年出版的《咨询和心理治疗》一书中，提出受导者在咨询过程中应改变以往的被动地位，自由决定咨询的方向和进展。这种理论受到人们的认可和赞同。

心理辅导的经验和技术在20世纪40—50年代随着辅导理论与实践的刊物、著作和心理测验等大量涌现，得到了进一步的推广和提高，辅导的模式也日渐增多。进入70年代后，世界各国都十分重视学校心理辅导，每年由政府拨出大量资金资助辅导工作的开展。在苏联人造卫星上天这一重大新闻的震动下，美国联邦政府于1958年有针对性地颁布了《国防教育法》，指定学校要推行辅导及评估计划，识别天才及发育迟缓的学生并因材施教；与此同时，在大学也不断增设辅导训练课程，并给辅导工作提供专门的经费。由于各国政府的重视、扶持和投资，加上辅导的价值和功能日益得到社会的认可，学校心理辅导工作发展很快，建立了由小学至大学的完整的辅导体系。欧美各国的中小学均设置"心理辅导中心"，大学则普遍设置"学生人事服务处"与"心理辅导中心"，由受过心理辅导专业训练的人员提供各项咨询、辅导与测验服务；另外，辅导的专业性日益增强，有一批经过严格训练的辅导队伍，有一套行之有效的辅导理论和技巧，可以为不同层次的学生提供服务。

20世纪50—60年代，西方国家就在学校、社区设立了心理咨询、心理辅导或心理治疗门诊。80年代以前，心理健康教育的重点放在个别有心理问题的学生身上。80年代以后，从事心理辅导的心理学工作者才开始将注意力转移到全体学生身上，特别注意学生心理素质的提高。此时，有关学生的心理辅导课程相继出来，学校的心理健康教育课程也就以不同的模式产生了。

1.2.1.2 学校心理健康教育的模式及特点

在西方国家，学校心理健康教育（心理辅导）的模式主要有两种：单独的心理训练课程模式和把心理辅导纳入核心课程社会学模式，而且每一种心理健康教育课程的模式都具有一定的特点。

（1）单独的心理训练课程模式就是把它辟为单独的一门课，由班主任来担任授课教师，两周1课时，一学年16课时，主要以训练学生的某种能力为主，如人际交往技能训练、自信心训练、学习能力训练等。单独的心理训练课程模式的最大特点是根据学生原有的认知水平，分解训练目标，逐步强化，最后达成目的。

单独的心理训练课程模式主要有以下特点：①可以保证给每个学生机会。特别是把那些平时不太引人注意但数量较多的学生作为关注的焦点，给予他们足够的机会，保证他们的参与；②教师可以在这样一堂单独的心理训练课程上尽可能地提供和创造条件，使学生成为心理辅导中的"主角"，将学生的主体地位具体化，并让他们意识到这一点，使学生"理直气壮"地倾诉心声、宣泄情感、发表意见等；③不同个性的学生有不同的心理需求，因此单独的心理训练课程的开设与设计并不一定符合每一个学生的实际需要，在实施过程中会有许多意想不到的情形出现，这对教师的素质提出了更高的要求，例如，要求教师必须蹲下来看学生，以同样的坦诚来获取学生的信任，对学生的反应或表现进行及时的把握和有力的挖掘，而不是视而不见或给予苍白无力的点评。

（2）把心理辅导纳入核心课程社会学模式是指心理辅导作为社会学课程的一部分，由社会学课程教师来承担，上课以活动为主。在活动中把学生分成若干小组，每组有4—6人，在教师的组织下，分别开展活动。让学生在活动中自己发现、体验某些心理状态，以此来改变认知观念，接受行为训练，提高心理技能。

把心理辅导纳入核心课程社会学模式的主要特点如下：①心理辅导课程可与社会学课程适当地融合在一起，不必要有明显的区别；②易于进入学生的内心世界。教师所有的准备都可以从学生出发，学生平时的思想观点、兴趣爱好、行为方式等都可以作为社会学课程的主题。由此教师可以引起学生的共鸣，获得他们的认同。因为只有令学生产生亲切感、认同感，学生才会进一步考虑和接纳教师的意见。

下面，我们就列举西方国家社会学教师在社会学课中渗透心理辅导的成功案例：一天，一位名叫保罗的老师在教室给他的学生们上课，他先把一瓶牛奶放在桌子上，沉默不语。同学们不明白这瓶牛奶和这节课有什么关系，只见他忽然站了起来，一巴掌把那瓶牛奶打翻在地上，同时大喊了一句："不要为打翻的牛奶哭泣！"然后他叫所有同学围拢到前面仔细看那破碎的瓶子和流淌着的牛奶。老师一字一句地说："你们仔细看一看，我希望你们永远记住这个道理：牛奶已经淌完了，不论你怎样后悔和抱怨，都没有办法取回一滴。你们要是事先想一想，加以预防，那瓶牛奶还可以保住，可是现在晚了，我们现在所能做到的，就是把它忘记，然后注意下一件事！所以我们也要忘记昨天的失败，然后注意我们应做的下一件事。"

说完后他就开始让学生回忆自己入学以来的两三个成功事例，并写在心理辅导专用本上。要求学生回忆出细节，因为记忆越细致，越能产生积极的情绪体验，使他们全身心地沉浸在成功的氛围中。于是学生们纷纷开始回忆，脸上的表情丰富起来，课堂气氛逐渐变得轻松。然后，保罗老师请学生进行小组交流，以前后两桌为一小组，互相传看笔记本。要求每人以赞赏的眼光去看其他同学的笔记，分享他人成功的喜悦。之后，全班进行交流，每组推选一位同学发言介绍自己的成功经历。

保罗最后总结道："今天，我们一起度过了一段美好难忘的时光，重新感受到了阳光的明媚。今后，我们可能还会遇到挫折，但我们会记住这节课上的名言：'不要为打翻的牛奶哭泣。'"在这一节社会学课上，保罗老师很好地将心理健康的辅导渗透于其中，既达到了社会学课的目的，也达到了心理辅导的目的。

1.2.1.3 学校心理健康教育的多样化形式

美国高校心理健康教育工作的主要形式有：个别咨询、团体咨询、课程设置、研讨会、学生自我保健教育和健康图书馆等，其中研讨会、学生自我保健教育和健康图书馆是三种十分有效和普及的心理健康教育工作形式（许之屏，2007）。

研讨会的主题十分广泛，经常围绕着学生中存在或易于出现的一些问题展开讨论，使参与的学生从中体验心理的细微变化，进行自我反思与反馈，领悟其中的道理，达到自我教育的目的。这种活动强调互动性和灵活性，学生比较感兴趣并乐于参与。

学生自我保健教育主要指某些学生需要心理健康方面的帮助或咨询时，其周围的同学（也称中间联系者）能给予一定的帮助、服务或指导，最终达到自我教育、自我服务、自我调适的目的。它强调学生之间的互动、互助。中间联系者每年参加至少20个小时的心理健康相关问题的培训，从而对其他同学提供个人帮助，诸如回答关于心理健康方面的问题、告知校内可利用资源及指导如何正确地利用医疗设施等。中间联系者还设有咨询中间联系者网站，通过网上交流，他们会对大部分学生的提问进行解答、释惑，并予以反馈。

健康图书馆或健康资料中心在美国一流大学多有设立。如斯坦福大学的健康图书馆里面有各种书籍（包括杂志、推荐文章、专题小册子等）和录像带，既有专业性的，也有通俗化的，学生可以借阅。其中包含的主要内容有：关注自我、心理健康、饮酒、毒品、性健康、性骚扰等。学生可以在那里学会调整自己的状态、选择健康的生活方式、预防心理疾病等。

我国在1991年就已经成立了大学生心理咨询专业委员会。全国许多高校也都相继成立了心理健康指导机构，开设了心理健康教育课程，建立了心理辅导室，举办了学生心理健康教育讲座等。目前，我国高校心理健康教育的主要形式为个别咨询、团体咨询和课程设置，这也是国内高校心理健康教育工作普遍熟悉的形式。

1.2.2　心理健康与心理健康教育

1.2.2.1　健康与心理健康的界定

世界卫生组织于1948年在其宪章中指出："健康不仅是免于疾病和衰弱，而且是保持体格方面、精神方面和社会方面的完美状态。"1978年9月，国际初级卫生保健大会发表的《阿拉木图宣言》宣称："健康不仅是疾病与体弱的匿迹，而是身心健康、社会幸福的完美状态。"又提出："健康是基本人权，达到尽可能高的健康水平，是世界范围内的一项重要的社会性目标。"

1989年，世界卫生组织提出21世纪健康新概念："健康不仅是没有疾病，而且包括身躯健康、心理健康、社会适应良好和道德健康。"其增加的内容是心理健康。

那么，何为心理健康？

迄今为止，关于心理健康还没有一个统一的概念，国内外学者一般认同心理健康标准的复杂性，既有文化差异，也有个体差异。一般来说，心理健康是指个人能够充分发挥自己的最大潜能，以及妥善地处理和适应人与人之间、人与社会环境之间的关系。心理健康的人应该没有心理疾病，并且具有积极发展的心理状态，能够通过自我调控处理好自己与自己、与他人、与社会的关系，实现个体内外平衡，正常地应付环境与交往（陈家麟，2002：29）。

从广义上讲，心理健康是一种持续高效而满意的心理状态；从狭义上讲，心理健康是知、情、意、行的统一，是人格完善协调，社会适应良好。

总之，了解什么是心理健康，对于增强与维护大学生的整体健康水平有重要的意义。

1.2.2.2 心理健康的标准

迄今为止，还没有一个统一的心理健康标准，国内外专家的说法不同。例如，1946年第三届国际心理卫生大会提出心理健康的标准是：①身体、智力及情感十分协调；②适应环境；③有幸福感；④在职业工作中，能充分发挥自己的能力，过着有效率的生活。美国学者库姆斯（Combs）认为一个心理健康、人格健全的人应有4种特质：①积极的自我观；②恰当地认同他人；③面对和接受现实；④主观经验丰富，可供取用。美国人格心理学家奥尔波特（Allport）则认为心理健康包括7个方面：①自我意识广延；②良好的人际关系；③情绪上的安全性；④知觉客观；⑤具有各种技能，并专注于工作；⑥现实的自我形象；⑦内在统一的人生观。

心理学家马斯洛（Maslow）和米特尔曼（Mittelmann）则提出判断心理健康的10条标准：①是否有充分的安全感；②是否对自己有较充分的了解，并能恰当地评价自己的能力；③自己的生活和理想是否切合实际；④能否与周围环境保持良好的接触；⑤能否保持自身人格的完整与和谐；⑥是否具备从经验中学习的能力；⑦能否保持适当和良好的人际关系；⑧能否适度地表达与控制自己的情绪；⑨能否在集体允许的前提下，有限度地发挥自己的个性；⑩能否在社会规范的范围内，适度地满足个人的基本需求。

我国大学生的心理健康标准包括7个方面：①智力正常；②情绪健康；

③意志健全；④人格完整；⑤人际关系和谐；⑥适应能力强；⑦心理行为符合年龄特征。

1.2.2.3 心理健康教育

心理健康教育是以心理学的理论和技术为主要依托，并结合学校日常教育、教学工作，根据学生生理、心理发展特点，有目的、有计划地培养（包括自我培养）学生良好的心理素质，开发心理潜能，进而促进学生身心和谐发展及素质全面提高的教育活动（陈家麟，2002：29）。

《教育部关于加强普通高等学校大学生心理健康教育工作的意见》明确指出，高等学校大学生心理健康教育工作的主要任务是，根据大学生的心理特点，有针对性地讲授心理健康知识，开展辅导或咨询活动，帮助大学生树立心理健康意识，优化心理品质，增强心理适应能力和社会生活的适应能力，预防和缓解心理问题。帮助他们处理好环境适应、自我管理、学习成才、人际交往、交友恋爱、求职择业、人格发展和情绪调节的困惑，提高健康水平，促进德、智、体、美等全面发展。

高等学校大学生心理健康教育工作的主要内容有：①宣传和普及心理学知识，使大学生认识自己的心理活动与个性特点；宣传和普及心理健康知识，使大学生认识到心理健康的重要作用，特别是心理健康对成才的重要意义，树立心理健康意识。②培训大学生心理调适的技能，提供维护心理健康和提高心理素质的方法。教育大学生学会心理调适，有效消除心理困惑，及时调节负面情绪；教育大学生养成良好的学习习惯，掌握科学、有效的学习方法，提高学习能力，自觉开发智力潜能，培养创新精神和实践能力；教育大学生树立积极的交往态度，掌握人际沟通的方法，学会协调人际关系，增强适应社会生活的能力，教育大学生自觉培养坚韧不拔的意志品质和艰苦奋斗的精神，提高承受和应对挫折的能力。③认识与识别心理异常现象，使大学生了解常见的心理问题表现、类型及其成因，初步掌握心理健康保健常识，以科学的态度对待各种心理问题。

大学生的心理健康教育要以课堂的教育训练和课外的心理辅导为主要渠道，做到课内课外紧密结合，及时处理和预防学生的心理问题；使大学生心理健康教育成为高等学校教育应有的内涵之一，成为高校整体工作的组成部分；把心理健康教育融入普通教育，使两者互相促进、互相影响，形成一个良好的教育体系。

1.2.3　大学生常见的心理问题

大学生心理问题的研究调查结果表明：大学生的心理适应问题、自我意识问题、健全人格问题、情绪管理问题、人际交往问题、学业成就问题和职业规划问题是目前大学生中普遍存在的心理健康问题。

大学生的心理适应问题是大学新生遇到的首要问题，他们要通过熟悉新的学习环境及人际关系，调适自己的心理状态，进而适应新的学习环境。

大学生自我意识的主要问题——"我是谁"常常困扰着大学生。大学生因自我认识的片面性而不能正确地认识和评价自己，使其不能充分发挥自身某些特质。

人格问题主要表现在三个方面：健全人格、不健康人格及病态人格。其核心是人格组成部分的本我、自我和超我的动态平衡状态：当这三者达到动态平衡时，人格就健康，否则，人格就不健康或处于病态人格状态。不健康人格是介于健全人格和病态人格之间的状态。

情绪管理问题是大学生要认真学习的重要功课，它直接影响到他们的日常学习与生活。正如曾仕强教授所说，情绪没有好坏之分，它只是人们对环境的一种反应。若不懂得适时疏导，轻则败坏情志，重则没完没了、使人崩溃。烦躁、压抑、埋怨等情绪，不同程度地影响着人们的工作和生活（曾仕强，2007：14）。

人际交往问题对于离开熟悉家园迈入高校的新生来说，是其面临的一个重要的人生问题，它不仅包含同伴的友谊关系，同时也涉及两性之间的神秘情爱关系。如若处理不好人际交往，将会给他们的大学生活带来负面影响。

学业成就问题对于刚刚入校的大学生来说，主要表现为学习压力大、学习动力不足、学习目的不明确、学习成绩不理想、学习困难等。

解决职业规划问题的首要任务就是帮助大学生了解自己的心理个性特征、自身的潜能及兴趣爱好，使其正确选择适合自身的理想工作，树立人生目标，并为之努力学习，奋发向上。

Ψ1.3　心理测试

SCL-90

1. 量表说明

此量表由Derogatis等（1975）编制，量表的制定可追溯到在《康奈尔医学指数（Cornell Medical Index，CMI）自评式健康问卷》基础上，由Parloff制定的《评定心理治疗量表》并经Frank修改的《不适量表》（*Discomfort Scale*）。后来Derogatis以他编制的《Hopkin's症状清单》（HSCL）为基础制定《症状自评量表》（*Symptom Checklist* 90，SCL-90）。此量表包括90个项目，包含比较广泛的精神病症状学内容，如思维、情感、行为、人际关系、生活习惯等。

评定时间：可以评定一个特定的时间，通常是最近一周以来的时间。

评定方法：分为五级评分（0—4级），0=从无，1=轻度，2=中度，3=相当严重，4=严重。有的也用1—5级。在计算实得总分时，应将所得总分减去90。

SCL-90除了自评外，也可以作为医生评定病人症状的一种方法。以下列举10个题目供参考。

2. 心理测试题

以下列出了有些人可能有的病痛或问题，请仔细阅读每一条，然后根据最近一周以来自己的实际感受，选择出下列问题影响你自己或使你感到苦恼的程度，在最合适的答案上画一个"√"（0=从无；1=轻度；2=中度；3=相当严重；4=严重）。请不要漏掉问题。

题目	健康症状				
	0	1	2	3	4
1. 头痛					
2. 神经过敏，心中不踏实					
3. 头脑中有不必要的想法或字句盘旋					
4. 头昏或昏倒					
5. 对异性的兴趣减退					
6. 对旁人责备求全					

续表

题目	健康症状				
	0	1	2	3	4
7. 感到别人能控制自己的思想					
8. 责怪别人制造麻烦					
9. 忘性大					
10. 担心自己的衣饰整齐及仪态的端正					

Ψ1.4 心理拓展训练

1. 自我剖析

请同学们依据自己的心理测评分析结果剖析自己目前的身心健康现状。

2. 小组讨论与分享

（1）大学生心理健康的重要性。

（2）大学新生的心理困扰（困难问题）有哪些？

（3）作为大学新生应该怎样开启自己的大学新生活？

3. 感悟与收获

请同学们写一写通过对本章内容的学习与了解，你最大的感悟是什么？你最大的收获是什么？

2 大学生的心理适应

适应是人与环境的一种平衡状态,是心理健康的标志之一。我们会一直仰赖同化及调适这两个互补的过程来适应我们的环境。

——皮亚杰

> **本**章首先从核心概念"适应心理"介入,然后针对刚刚入校的大学新生在生活和学习中遇到的各种问题,并结合他们的认知特点和行为特征,主要讲述适应与适应心理界定,大学新生常见心理适应问题及大学新生的心理适应与调适方法。使他们尽快适应大学的新环境、新生活,帮助他们学会调适自我心理,提高学习效率,处理好人际关系,更好地处理环境变化带来的各种问题,增强对环境和自我的适应能力,从而具备能更好解决现实生活所面临问题的能力,顺利完成大学时期的学习任务。

Ψ2.1　心理案例

饭菜不合口，跳下七层楼

2005年9月，某大学一名入学仅一周的新生，因不适应独立的大学生活，从学校的某栋7层高的楼纵身跳下，当场殒命。

据介绍，自杀男生是大一新生，9月4日入学，正在参加新生军训。该生还有一个多月就满20周岁。可能是以前很少独立生活，该生入学后感觉不适应，据一名与他同一班级的同学说，跳楼之前男生曾经说过饭菜不合胃口，衣服也不会洗，感觉不太适应。

9日上午，其父母特意从老家来到学校，准备在附近租套房子陪读。而老家与学校不过二三十公里的距离。出事当天，他母亲看中学校附近的一套房子，但每月租金要2000多元，她觉得太贵，就没有租。当晚，母亲和他一起吃晚饭时，告诉他不在附近租房子，但会每天从家里做好饭菜送过来。当时他十分失望。吃完饭后，他说要回一趟宿舍。到了晚上7点多钟，就出事了。

有老师认为，惨剧发生的原因之一是这名学生的心理承受能力太差。新入学大学生的自理能力差、心理承受能力脆弱等问题，尤其是大学新生的适应心理教育再一次进入了人们的视野……

Ψ2.2　心理知识

2.2.1　适应与适应心理界定

"适应"概念出现在19世纪，来自拉丁语adaptatio，主要用于生物学领域，是生物学中最重要的概念之一。最广泛意义上的适应意味着有机体对生存条件的适应，是指所有活着的有机体的活动都要随着他们环境中某些条件的改变而改变（杨伊生和王润平，2010）。在心理学中，"适应"通常是指有机体对环境条件的顺应，是指个体随着环境中某些条件的改变而改变其活动，从而使个体的需要得到满足的过程。适应是个体与周围环境的同化和顺应的过程。

心理学家认为，适应是个人与环境的互动关系，个体在与环境相互作用的过程中，通过不断调整自我身心状态，使身心与现实环境保持和谐一致，从而达到认识环境、改善环境、发展自我的目的。

适应心理是外部环境发生变化时，主体通过自我调节系统作出能动反应，使自己的心理活动和行为方式更加符合环境变化和自身发展的要求，使主体与环境达到新的平衡过程（贾晓波，2001）。根据大脑动力定型的活动特点，一个人在一个环境中待久了，常常会形成固有的思维习惯和个人自身心理上的定型。心理学家认为，这种习惯与定型是人潜能发展的大敌，因为大部分人都倾向于墨守成规。马斯洛告诫人们："对于世上一成不变的事物来说，习惯何等有用，但是当要去应付世上一些不断变化的事物的时候，习惯显然就构成障碍和阻力，它影响我们去适应新的、独特的、从未碰过的情况。"（马斯洛，1987）在大学改革过程中，大学生面对各方面的变化，都需要适应。对于刚刚进入大学的新生来说，大学生活的一切都显得陌生和困难重重，原有的优势和自信心一扫而光，在一些新的学习任务、新的生活模式中，变得手足无措、惴惴不安，一切都要从头来。每个人都会遇到一些不如意的事情：家境贫寒、学习条件欠佳、考试挂科、恋爱失败、人际关系不融洽等。调查结果表明，目前我国在校大学生在学习、校园、人际、情绪等不同方面，都会有40%—50%的学生存在适应问题，其中有3%—6%的学生存在较严重的适应问题（陈福侠和樊富珉，2014）。在这些困难面前，有人积极面对，在克服困难中自身不断得到发展；有人悲观失望、怨天尤人，甚至精神崩溃。

美国心理学家阿尔伯特·艾利斯（Albert Ellis）研究了客观事件与人们怀疑行为之间的关系。他认为，导致人们对环境适应不良而出现消极心态的原因，并不在于人们所经历的各种刺激事件本身，而是在于人们对这些事件的看法、评价和解释，即个人对事件的错误认知方式，他称之为不合理的信念（何文秋和程宇，2005）。

由此可见，要解决大学新生的心理适应问题，最有效的途径就是建立学生对所遇问题的正确认知方式。那么，哪些问题是大学新生日常所遇的心理适应问题呢？

2.2.2 大学新生常见心理适应问题

大学新生的心理适应问题是最重要的普遍性理论问题之一，而且依然是一个传统的讨论主题。众所周知，大学新生的社会需要和心理成熟均尚未完全成型，他们适应大学生活是一个复杂且多方面的过程。本书将大学新生的心理适应问题分为三种类型。

（1）环境适应，包括大学新生对学校新环境、学校机构、大学的学习内容与要求，以及自己的大学职责等方面信息的认知与适应。

（2）人际适应，即大学新生在班级内部一体化适应，以及各班级新生之间的整体化适应。

（3）学习适应，涉及大学新生对新的高等教育形式和教学方法的准备心理与适应。

进入大学后，一年级新生常常不由自主地与原来中学的学习生活进行比较。发现在大学学习需要重新组织自己所有的学习活动：必须独立学习、上课、听专题讲座，同时还要积极参与大学社团生活等。这些大学新要求都是他们在中学毕业之前没有被训练过的，或是从未参与过的学习活动。除此之外，大学新生还面临的一个严重问题是，在没有中学时期的每日知识测试和系统监控的学习情况下，他们难以合理安排时间、组织自己的学习等。大学新生在适应大学的学习生活过程中，通常会遇到以下几个主要适应困难问题。

（1）消极心理体验，大学新生离开自己原来熟悉的校园、班级和同学，进入一个全新的环境时，他们便体验到失去了原有的那些帮助及心理支持。

（2）职业规划迷茫，大学新生选择未来职业的动机不确定、心理准备不足。

（3）自我管理缺乏，大学新生自我心理调控能力差，缺乏在自身行为与活动之间进行自我心理调控的能力，不习惯日常学习生活中缺乏教师的监控。

（4）生活条件变迁，大学新生的生活从家庭转到学校宿舍时，就需要在新的环境条件下寻找最佳的学习和休息方式，建立规范的大学日常自主生活模式。

（5）学习技能缺乏，大学新生缺乏独立的学习技能，课后不会使用一手学习资源，不懂得借助工具书来学习，不知道如何概括讲义，使用教科书，也不会从主要学习资料的来源寻找和提取知识、分析大量信息、清楚明确地表达自己的想法等。

以上几点可能导致许多困难现象的出现，阻碍大学新生成功适应大学的生活与学习。因此，对于刚刚入学的大学一年级新生来说，最重要的就是对他们进行心理教育支持，采取系列有效措施，为他们创造良好的条件，确保他们在面对不同的生活（教育）发展问题时，能够选择最佳的解决方案。

2.2.3 大学新生心理适应调适策略

每一位刚刚走进大学校门的学生，都会有一个心理适应的过程。大学新生要逐渐完成由中学生向大学生的角色转变，承担起大学生的历史使命和责任，适应大学的学习特点和方法，适应大学里的各种人际交往，适应大学所处的自然环境和社会环境。有些大学一年级学生，由于独立生活能力太差，或者不适应大学的学习方法，或者不适应异地的气候和饮食习惯等而出现心理不适应现象，严重者会直接影响其正常的学习和身体健康。下面，本书将从大学新生所面临的新校园、专业设置、学习模式和新的人际关系等几个常见的心理适应问题入手，进行深入分析，提出有效可行的心理适应调适策略。

2.2.3.1 了解美丽新校园，适应新的学习环境

对于刚刚跨进大学校门的大学新生来说，大学是一个陌生的学习、生活环境。大学校园不同于以前自己熟悉的中小学校，是一个全新的学习环境，而且还存在一些其他方面的差异性，如饮食上的差异。南方与北方的饮食存在很大的差异性：北方的学生一般喜欢吃口味重的饭菜，如果到南方读书，可能就会出现饭菜没有"味道"的感觉；然而，南方学生到北方读书时，会觉得饭菜口味太重了等。不仅如此，南方与北方在气候上也存在差异性：如北方学生到南方读书，就会觉得夏天太热了；而南方学生到北方读书后，常常感到冬天太冷了，等等。

常言道："良好的开端，是成功的一半。"因此，大学新生进入大学校

门的首要任务，就是熟悉大学校园环境，调整自己的心态及身体的生理需要，尽快适应新的学习环境，为将来顺利完成大学的学习打下良好基础。

2.2.3.2 熟悉学校专业设置，树立新的学习目标

近来，常常听到同学们说："玩命的中学，快乐的大学。"其实，这种观点是不完全正确的，存在一定的片面性。大学是每一个孩子心里的梦想，他们都希望将来能够上自己心仪的大学，能够实现自己的人生梦想。同时，上大学也是父母心里对子女的一种美好期望。

由此可见，大学不仅是"快乐"，还是一种责任，一份盼望。所以，大学一年级的学生一定要正确认识"什么是大学""我到大学来干什么""我该怎样做"等问题。行之有效的方法就是通过大学一年级的学习之后，了解学校的专业类型，选择适合自己且喜欢的专业，树立大学新的短期、中期及长期学习目标，好好规划自己的大学学习生活，为将来实现自己的人生目标奠定坚实的根基。

2.2.3.3 了解大学学习模式，适应新的学习生活

大学是人一生中最为关键的阶段，而且大学的学习模式与高中相比是截然不同的。下面就从教师授课形式和学生学习方式两个方面进行概要阐述。

大学教师授课形式有以下特点：①大学教师授课不是以课本为主，而是以讲义为主；②教师授课大多使用多媒体，授课进度比较快；③教师授课主要讲授知识的重点和难点内容；④教师授课以引导为主，为大学生提供大量探究空间；⑤学科教师给的参考书目多，课外习题少。

大学上课的教室是变化的，不同学科不同的教室；大学的学习不再是被动的老师讲学生学，而更多的是探究式学习、小组合作学习；大学的学习是自主学习，课余的时间比较多，大部分时间都是由学生自己把握；大学学习的主要场所不再仅仅是教室，还有图书馆；学习不再是家校两点一线，而是大部分时间都在校园里；除此之外，大学的学习成绩还可以决定你能否保研，能否找到一个好工作。所以，大学新生从入学的第一天起，就应当对大学四年的学习有一个正确的认识和规划，成为自己未来的主人，积极地管理自己的时间、学业和未来职业的规划，确立自己奋斗的人生目标。

2.2.3.4 认识新同学，适应新的人际关系

新生刚步入学校，各种人际关系，如师生关系、同学关系，尤其是同宿舍同学的关系等都需要自己来处理。不知道如何与来自不同家庭、不同社会背景的同学相处，是一些大学新生人际不适的主要原因。

针对以上问题，本书提出以下几点建议：①正确认识新同学，当大学一年级新生进入大学校园后，所接触到班级和宿舍的同学大部分是陌生的，他们分别来自不同地域和不同的家庭，所以在思想观念、价值标准、风俗、习惯、语言、性格、爱好等方面都会产生很大的不同；②自我认识，正确了解自己的心理个性特征，自己的思想理念、价值观、习惯、爱好等；③有同理心，要学会站在同学的立场和角度去考虑问题；④有包容心，要有大海一样的胸怀，学会包容同学的小小缺点；⑤有忍耐心，"爱"是一种忍耐，朋友之间交往要学会忍耐，不可轻易发脾气等。这些建议会给缺乏人际交往能力的新生带来些许交友的帮助，为他们的良好人际交往奠定坚实基础。

总之，心理适应健康教育主要是针对大学新生在大学初期的生活、学习和人际交往中所遇到的各种问题，结合他们的认知特点和行为特征，给他们提供一些必要的指导，帮助他们提高学习效率，处理好人际关系，学会自我心理调适，更好地处理因环境变化带来的各种问题，增强对环境的适应能力，从而能更好地解决面临的现实生活问题，很好地完成各个时期的学习任务。

2.2.4 大学新生心理适应三阶段

大学新生只有不断地正确认识自我，改变原有的不合理信念，学习新的社会经验、新的知识，不断地完善自己的个性，提高自己的能力，才会建立起新的大学适应模式，迎接新的挑战，使自己顺利、成功地适应大学的学习生活。一般来说，大学新生的适应被视为三个方面的组合。

（1）适应教学活动，包括适应大学新的教学模式、新知识的掌握方法、新的学习和休息方式，以及独立自主学习等。

（2）适应班级生活，包括适应新班级的管理规章制度，以及新班级的文化与传统等。

（3）适应未来职业，包括适应职业素养的训练，以及专业知识与技能的掌握等。在未来生活里，所有这些方面都是密不可分的。

以上三个方面的适应组合对于大学新生来说，他们适应大学学习生活的水平、速度及取得的效果存在个体差异。从整体适应情况来看，大学新生的心理适应过程可分为以下三个阶段。

（1）了解新的学习地点、学生的权利和义务、学习开端。

（2）掌握大学的规则与规范，有质量地学习。

（3）有意识和创造性地改进学习。

一般情况下，大学新生心理适应的第一阶段通常持续7—15天，第二阶段通常持续6—12个月，第三阶段通常持续1—2年。这三个阶段具有个性化，可以减少，或是增加；同时，心理适应的第三阶段也可能是在第二阶段心理适应完成后才开始。

总之，大学生的学习生活始于大学一年级。由此可见，一年级新生对大学学习生活的顺利、有效适应是每位大学生将来进一步发展成为一个健全人、合格公民、未来某领域专家的关键。所以，我们要从大学新生的心理教育入手，帮助他们尽快适应大学的学习生活。

Ψ 2.3　心理测试

心理测试一　中国大学生适应量表

1. 量表说明

《中国大学生适应量表》（*China College Student Adjustment Scale*，CCSAS）（方晓义等，2005）是由教育部《大学生心理健康测评系统》课题组的方晓义教授等编制。该量表共有60个项目，分为7个大维度，分别是人际关系适应、学习适应、校园生活适应、择业适应、情绪适应、自我适应和满意度。量表具有较好的信度和效度，实现了最初的构想效度，稳定性较强，能够反映大学生对大学生活的适应状况。

本量表适合中国所有在校专科生、本科生和研究生使用，简单易测。

评定方法：五级评分，"不同意"选1，"不太同意"选2，"不确定"

选3,"比较同意"选4,"同意"选5。以下列举10个题目供参考。

2. 心理测试题

亲爱的同学：你好！

下面列出了一些关于你个人情况的句子。请你仔细阅读每一个句子,并根据自己最近一段时间内的实际情况,在适当的位置选出你同意或者不同意的程度。"不同意"选1,"不太同意"选2,"不确定"选3,"比较同意"选4,"同意"选5。

答案无对错之分,请你认真作答。

题目	适应状况				
	1	2	3	4	5
1. 每天的生活中总是有我感兴趣的事情					
2. 如果让我再选择1次,我还是希望像现在这样生活					
3. 我总是感到心情愉快					
4. 我平时常看与专业有关的书					
5. 我很少去了解社会对人才的需求					
6. 遇到灰心的事情,我常常一筹莫展					
7. 我对现在的大学生活很满意					
8. 我清楚地知道毕业后该继续深造还是工作					
9. 我对现在的学习有很高的热情					
10. 我认为自己的优点多于缺点					

心理测试二　大学生适应性量表（修订版）

1. 量表说明

《大学生适应性量表》（*College Adjustment Scales*，CAS）是一份专业人士使用、为大学生提供咨询服务的量表,由安东（Anton）和里德（Reed）于1991年编制。CAS在大学生心理咨询工作中应用广泛,并且经过检验,信度和效度都较高。2006年西南大学的朱韶秦（2006）在其导师张进辅教授的指导下,根据我国的社会文化背景,对CAS进行了修订,即CAS（修订版）,使其适合我国大学生使用。

CAS（修订版）包括108个题项，可测量大学生抑郁、人际关系冲突、低自尊、学业困难及职业选择困难等。量表包括9个维度：焦虑AN、抑郁DP、自杀倾向SI、物质滥用SA、自尊问题SE、人际关系问题IP、家庭问题FP、学业问题AP、职业问题CP。

CAS（修订版）是采用4点评定量表记分，依次为1：完全不正确，2：有点正确，3：基本正确，4：完全正确，分别给予1—4分的评定。得分越高者，其适应性越差。以下列举10个题目供参考。

2. 心理测试题

同学们，大家好！

请在相应的答题纸上填上您的性别、年龄、年级、专业、民族、学校、家庭居住地等信息，并将所有的答案都写在答题纸上。请尽可能真实地回答每一题，并确定没有遗漏任何一题。请仔细阅读每一个表述并判断其是否准确地表达了您的实际情况，并在答题纸上圈出最准确地表达了您的观点的数字。

如果这个表述是"错误"的或"完全不正确"，请在"1"上画圈。

如果这个表述是"有点正确"，请在"2"上画圈。

如果这个表述是"基本正确"，请在"3"上画圈。

如果这个表述是"完全正确"，请在"4"上画圈。

请注意：每道题都要在仔细阅读题目之后再回答，但不必过多思索。下面共108个语句，请在最符合您情况的选项上画圈。

一、个人基本情况

姓名：_____（可不填）　　性别：_____　　年龄：____周岁

年级：一二三四（请画圈）

专业：1. 文；2. 理；3. 农；4. 艺术；5. 医（请画圈）

民族：_____　您所在的学校：_____

您家庭的居住地：1. 沿海开放城市或特区；2. 中等城市；3. 小城市或县城；4. 农村或牧区；5. 其他（请画圈）

二、下面共 108 个语句，请在最符合您情况的选项上画圈

1. 我缺乏学习技巧。
    1：完全不正确　　2：有点正确　　3：基本正确　　4：完全正确
2. 我很多时候都感到紧张。
    1：完全不正确　　2：有点正确　　3：基本正确　　4：完全正确
3. 很多人将我惹恼。
    1：完全不正确　　2：有点正确　　3：基本正确　　4：完全正确
4. 近来我不太想吃东西。
    1：完全不正确　　2：有点正确　　3：基本正确　　4：完全正确
5. 我需要更多关于职业选择方面的信息。
    1：完全不正确　　2：有点正确　　3：基本正确　　4：完全正确
6. 我没有生活目标。
    1：完全不正确　　2：有点正确　　3：基本正确　　4：完全正确
7. 我参加太多的朋友聚会。
    1：完全不正确　　2：有点正确　　3：基本正确　　4：完全正确
8. 我自我感觉良好。
    1：完全不正确　　2：有点正确　　3：基本正确　　4：完全正确
9. 我避免同我父母交谈。
    1：完全不正确　　2：有点正确　　3：基本正确　　4：完全正确
10. 学习时我很难集中注意力。
    1：完全不正确　　2：有点正确　　3：基本正确　　4：完全正确

Ψ2.4　心理拓展训练

1. 自我剖析

请同学们依据自己的心理测评分析结果剖析自己对目前大学生活的适应状况。

2. 小组讨论与分享

（1）讨论一下大学新生心理适应的重要性。

（2）大学新生的心理适应问题有哪些？

（3）作为大学新生应该怎样适应自己的大学新生活？

3. 感悟与收获

请同学们写一写通过对本章内容的学习与了解，你最大的感悟是什么？你最大的收获是什么？

3 大学生的自我意识

世界上没有两片完全相同的树叶,也没有性格完全相同的人。
——戈特弗里德·威廉·莱布尼茨

了解什么是自我意识,学习自我意识的相关心理学知识与内涵;通过心理测试,让大学生能够了解自己目前的自我认识状况。从多方面了解自我、认识自我,克服片面自我认识;不断完善自我、提升自我、超越自我,真正做到喜欢自我、接纳自我。

Ψ3.1 心理案例

小眼睛的我

有一位大一的女生，常常戴一副黑框眼镜，总是一个人低着头走路……原来那个爱说爱笑的开朗学生不见了，是什么原因改变了这位学生呢？有一天，老师找到这位女生聊天，想知道她改变的原因。

她告诉老师说："在中学时可能由于学习太紧张，从来没有发现自己眼睛小。进入大学不久，舍友说我的眼睛好小，太难看了。听了这句话后，我拿起镜子仔细地看眼睛，突然发现舍友们的眼睛都比我的眼睛大，比我的眼睛漂亮，我的心里开始有点不舒服了……之后，我开始特别注意观察别人的眼睛是否比我的眼睛大，结果发现：不管是女生，还是男生，他们的眼睛要么比我眼睛大，要么比我眼睛漂亮。相比之下，我的眼睛确实太小了，而且不好看。从此以后，我就变得不愿意多照镜子，尤其是在同学面前，不敢把头抬起来走路，怕别人发现我的小眼睛，自己开始陷入一种莫名的烦恼中……想方设法地想改变自己的小眼睛，使自己看上去漂亮些……想了很多方法，最后选择了佩戴黑框眼镜，这样显得眼睛大一些，好看点……"

老师看着她，笑着说："其实你的眼睛并没有像你说得那么小，那么难看。之前，你上老师课时，总是坐在第一排认真听课。在老师眼里，你是一个认真好学、气质佳、有自信的学生，从来没有发现你的眼睛小，不好看啊！倒是今天，你的这副黑框眼镜吸引了老师的视线，才会去注意你的眼睛，否则不会去注意你的眼睛；其实你的眼睛很配你的脸部轮廓，假如换一双大眼睛，会显得不协调，可能会不好看呢……"

听了老师的一席话，她摘下了黑框眼镜，开心地笑了……其实，适合自己的才是最好的。因为"世界上没有两片完全相同的树叶，也没有性格完全相同的人"，你就是世界上的唯一，没有人能够取代你，所以，要正确认识自我，悦纳自我。

Ψ3.2 心理知识

3.2.1 自我意识的内涵与结构

3.2.1.1 自我意识的内涵

最早关注自我研究的是詹姆斯（W. James），他是自我研究的最坚定的早期倡导者。他提出凡一切与自身相关的事物都会在某种程度上成为自我的一部分，如身体、品质、能力、愿望、家庭等。詹姆斯将自我经验分为三个部分：物质我、社会我和精神我。所谓物质我，是指与周围物质客体相伴随的躯体我，是对自己的身体、外貌、衣着、风度、所有物等的认识和体验，如是否健壮、漂亮等；社会我，是关于别人对自己的看法的意识，是指对自己在社会中的地位，在人际关系中的角色、作用、义务、权利等的认识和体验；精神我，是监控内在思想与情感的自我，是指对自己的智力、性格、气质、理想、能力、情感等心理特征的认识和体验，是自我意识中最核心、最持久的部分。

精神分析学派创始人，奥地利精神分析学家弗洛伊德（Freud）提出自我是人格的主要组成部分，他从人格的三个维度，即本我（id）、自我（ego）和超我（superego）上研究自我的发展。自我对本我的监督和调控，使本我的满足需要遵照现实性的原则，本我中只有合理的、符合社会规范的部分才能得到满足。使本我原有的"想怎样就怎样"转变成"能怎样就怎样"，这是自我对本我进行调控的结果。自我的这一调控功能，使人具有了社会性。

美国社会心理学家米德（G. H. Mead）把自我分为两个成分：主体我（I）和客体我（mc）。主体我代表每个人的自然特性，而客体我代表自我社会的一面；主体我先于客体我形成，客体我形成需要很长时间，自我意识的发展包含主体我与客体我的不断对话。作为客体我接受着主体我的命令与态度，使自身符合社会的要求；而作为客体我则随时随地根据社会规范而实现对主体我的调节。他认为，自我的这两个方面是通过社会交往逐渐被分化而明确起来的。

自我意识的产生与发展，是人和动物在心理上的最后分界线，但它并不是与生俱来的,而有萌芽、发生和发展的过程。自我意识是人类特有的反映形式,是人的心理不同于动物心理的主要区别,是人类意识发展的高级阶段。

自我意识是人对自己存在的觉察,是自己对自己的认识,它包括认识自己的生理状况(如身高、体重、体型等)、心理特征(如兴趣爱好、能力、个性等)及自己与他人的关系(如自己与周围人相处的关系、自己在集体中的位置等),是一个包含认知、情感、意志等心理过程的多维度、多层次的复杂心理系统。

自我意识对于个体的发展是非常重要的,它的主要作用表现为以下几个方面。首先,自我意识是人们区别于周围外界客观事物的条件,找到自我的与众不同;其次,自我意识是人们个体发展的动力,发现自我的优势和不足;最后,自我意识是人们个体成长的监督者,改造自我的主观因素。总之,自我意识帮助个体在成长与发展过程中不断地认识自我、省察自我、监督自我、完善自我,是个体人生道路上的一盏明灯。

3.2.1.2 自我意识的结构

从心理学的知、情、意三种心理过程的分析方法出发,可以将自我意识界定为自我认识、自我体验和自我控制三种心理成分组成的整体。

从认识形式看,自我认识是主体我对客体我的认知与评价,包括自我觉察、自我感知、自我概念、自我分析和自我评价等,统称为"自我认识",主要解决"我是一个怎样的人""我为什么是这样一个人"等问题;从情绪形式看,自我体验是自己对自己怀有的一种情绪体验,即主体我对客体我所持有的一种态度,包括自信、自爱、自尊、自持、自卑、责任感、义务感和优越感等,统称为"自我体验",主要解决"我这个人怎么样""我是否对自己感到满意"等问题;从意志形式看,自我控制是自己对自身行为和思想言语的控制,即主体我对客体我的制约作用,包括自立、自主、自制、自强和自律等,统称为"自我控制",主要解决"我应当成为一个怎样的人""我怎样改变现状成为理想的那种人"等问题。这三种心理成分相互联系,相互制约,统一于个体的自我意识之中。

由此可见,自我意识以自我认识为基础,产生自我体验,进而达到自我控制;同时又在自我体验的推动下加强自我控制,加深自我认识,增强自我体验。这三者的有机组合和完整统一，就构成一个人完整的自我意识。

3.2.2 大学生自我意识的冲突与调适

大学时期是"心理断乳"的关键期。"心理断乳"意味着个人离开父母、家庭的监护，彻底切断个人与父母、家庭在心理上联系的"脐带"，摆脱对家庭的依赖，成为独立的个体，完成自我意识的建构。当多重发展任务同时落到个体身上时，个体必然会产生各种各样的心理冲突。埃里克森（Erikson）认为每一个人在其一生中都要面对8个主要的危机或冲突，每个危机都各有其出现的时候，受到我们在生命中某特定时期所经历的生理成熟和社会要求的指挥。而且，每个危机都必须成功地被解决，这样个体才能有充分的准备去应付下一个生活危机。埃里克森提出个体在12—20岁需完成建立自我同一性、防止角色混乱的任务，而大学新生18、19岁的年龄恰好是发展自我同一性的关键阶段。自我同一性的确立能带给个体方向感，这种方向感可能成为个体在面对变化而做出调整时的参照，因此，新生入学时所达到的自我同一性水平对其学校适应性可能有着重要的影响。

由此可见，处于儿童期与成熟期交叉点的大学生，他们主要面对的危机和冲突就是自我角色统合对角色混淆。所以，青少年常与"我是谁"的疑问搏斗，其矛盾与冲突主要表现在以下几个方面。

3.2.2.1 主体我与客体我的冲突

自我意识的发展包含主体我与客体我的不断对话。主体我先于客体我形成，代表自我的自然特性；客体我形成需要很长时间，是通过社会交往，在自我明显分化的基础上完成的，代表自我社会的一面。自我的主体我需要随时随地根据社会规范实现对客体我的调节，而客体我则要接受主体我的命令与态度，使自身符合社会的要求，即"我怎样改变现状成为理想的那种人"。

大学生的生活范围比较小，自我认识有局限性，而社会对他们的期望高，如果大学生不能够在新的认识水平上使主体我与客体我协调一致，那么，就会出现自我统合失调，出现自我意识混淆现象，导致大学生难以确立自我形象，加剧大学生的自我矛盾。

3.2.2.2 理想我和现实我的冲突

理想我是目标的我,是我们追求的目标,而现实我是生活中本来的,实实在在的我。两个"我"如果处于不一致的状态中,就会出现冲突,即我们经常说的理想我高于现实我。大学时期是人的生理和心理都高速成长、发展的时期,注意力开始由外部世界转向自己的内部世界。随着大学生生活环境的变化、接受知识信息量的增加、交往接触面的扩大、思维认识能力的发展,其自我意识也迅速增强。特别是在改革开放中成长起来的当代大学生,他们具有强烈的自我价值感和自主意识。

众所周知,大学生富于理想、成就欲望强,但是,由于他们接触社会较少,缺乏丰富的人生阅历和深邃的理性思考,许多大学生对自我认识的参照点较少,对价值的判断和选择还缺乏稳定的标准,还不能很好地把理想和现实有机地结合起来。因此,面对复杂的社会现象和各种矛盾挫折,他们处于难以选择、取舍的困惑境地,使他们感到困惑、茫然,常常会产生一种失落的自我体验和内心感受。这就使理想我和现实我之间产生了矛盾与冲突:消极退缩与积极进取。如果这种矛盾与冲突过于强烈又得不到及时调适,则会导致自我意识的分裂,从而产生一系列的心理问题。

3.2.2.3 独立意识与依附心理的冲突

大学时期处于成人的第一个人生阶段,学生拥有"成人"身份。进入大学后,在生理上成熟而心理上还未成熟的大学生,其独立意识迅速发展。他们在主观上希望能够在经济、生活、学习、思想等方面独立,希望摆脱成人的管束,自主地处理所遇到的各种问题。然而,当实际遇到难以解决的问题时,他们在心理上又依赖成人,无法真正做到人格上的独立。社会不断提倡自由、自主、自信、平等观念的过程中,却从负面助长了一部分大学生的极端自由主义,片面地追求自我发展。这种独立意识与依附心理的冲突一直困扰着大学生,严重地影响大学生自我意识的发展。

3.2.2.4 交往需要和自我闭锁的冲突

大学生迫切需要友谊,渴望理解,寻求归属和爱。他们有强烈的交往需要，希望能向知心朋友倾吐对人生和生活的看法，盼望能有人与其分担痛苦，分享欢乐。但同时他们又存在自我闭锁的倾向，许多人往往不愿主动敞开自己的心扉，把自己的心灵深藏起来，在公开场合很少发表个人的真实意见。他们在与他人交往时存有较强的戒备心理，总是有意无意地保持一定距离，正是这种交往需要与自我闭锁的冲突，使得不少学生备受"孤独"的煎熬。

3.2.2.5 自负与自卑的冲突

踏入高校的大学新生，往往在中学时期都是学校的佼佼者、尖子生，当他们从四面八方汇集在一起的时候，就出现了新的比较与较量，原来的优等生可能在新的环境中不再像往日那样风光和有优越感。如果大学生不能够在新的认识水平上达到自我意识的协调一致，那么，就会自我统合失调，出现自我意识混淆现象，通常表现为过高的自我评价与过低的自我评价，从而引起大学生的过分自负与自卑心理。

自负与自卑是紧密相连的，自负表现强烈的人往往也是极度自卑的人。大学生体现出较强的自尊与自信，他们渴望成功，不甘落后，对成功的渴望与预期高，特别是当小小的成就来到身边时，很容易表现出骄傲自大、唯我独尊、自我中心，相当自负。当遭遇失败与挫折时，有时甚至是小小的失利，如考试挂科、失恋等，他们便开始怀疑自己的能力，进而自我否定、自我怀疑甚至自暴自弃，陷入强烈的自卑之中。这些都与大学生自我认识不良、自我定位不准确有关。

一般情况下，大学生刚刚考上大学时受到老师、家长、亲朋好友的赞誉，同辈人的羡慕，优越感和自尊心都很强，对自己的能力、才华和未来都充满了自信，往往对自己做出过高的评价，从而产生自负的心理。然而进入大学后，许多大学生发现"山外有山"，尤其是当学习、文体、社交等方面显露出某些不足时，有些大学生就会陷入怀疑自己、否定自己的不良情绪中，逐渐产生自卑心理。

在这些大学生的内心深处，自负心理与自卑心理常常处于一种矛盾与冲突的状态。这种矛盾与冲突若不能及时得到疏导，将会影响大学生的心理健康。关键在于，大学生要清楚了解自己的实际情况，认识到自己的优点和缺点，并且做到认可和接纳自己的这些优缺点，只有这样心理才健康。

3.2.3 大学生自我意识矛盾冲突的解决途径与调适方法

自我意识的分化带来的种种矛盾冲突是大学生自我意识发展中的正常现象，也是大学生走向成熟的集中表现。自我意识的矛盾冲突一方面会使大学生感到焦虑苦恼、痛苦不安，甚至影响到他们正常的心理发展与心理健康；另一方面也会促使他们设法解决矛盾，实现理想我与现实我的统一。为了帮助大学生更好地完善自我、超越自我、健康成长，应让他们学会积极主动地了解自己，调整自我拒绝、自我否定、自以为是、自我中心等自我意识发展缺陷，形成正确的自我概念，培养健康的自我意识，使自我认识更加客观、自我体验更加积极、自我控制更加有力。本书提出以下解决途径与调适方法。

3.2.3.1 正确认识自我，客观评价自我

正确认识自我，就是要全面地了解自我，了解自己的长处和短处，把握自己与群体的关系、自己在社会生活中所处的位置，对自我作出恰如其分的评价。正确认识自我是建立健全自我意识的基础，有利于调适现在的我和构建未来的我。

第一，从经常的自省中认识和评价自我。曾子曰："吾日三省吾身。"要引导大学生学会自省，经常检查自己行为和动机正确与否、行为过程中有什么不足，有哪些收获和缺憾，从中发现长短得失，以便有的放矢地进行自我调适。

第二，在与他人的比较中认识和评价自我。个人认识与评价自己的能力、自己的价值、自己的品德及个性特征往往是通过与他人的比较实现的。一般来说，与周围普通人比较，能认识自己的实际水平及在群体中的地位；而与杰出人物比较，则能找出自己的差距和努力方向。与他人比较，最重要的是要选定恰当的而不是盲目的参照系，还要学会用发展的眼光、辩证的方法去看待自己和他人。比较的视野越广阔、方法越科学，自我的位置就定得越恰当。通过与他人比较而能正确评估自己的人，就能做到既不妄自尊大，也不妄自菲薄，从而能合乎实际地确定自己的奋斗目标和行动计划。

第三，从他人对自己的评价中认识和评价自我。唐太宗有句名言："以铜为镜，可以正衣冠；以古为镜，可以知兴替；以人为镜，可以明得失。"人们总是要在与他人的交往中不断深化对自己的认识，同时也认识和评价他人，在评价他人的过程中也接受他人对自己的评价。许多大学生比较在意他人对自己的评价，但值得注意的是面对别人的评价应有一个正确的态度，不要因别人对自己过高的评价而得意自满，也不为过低的评价而失去信心。

第四，积极参加实践活动，以活动的成果来认识和评价自我。活动成果的价值有时直接标示着自身的价值。理想的活动成果可以使个体进一步提高认识自我的能力、发现自我的价值，从而进一步开发潜能、激发自信。大学生应打破自我心理闭锁，增加生活阅历，在积极参加实践与交往中使自己的天赋与才能得以发挥，取得优异的成绩，全面而恰当地评价自我和发展自我。

3.2.3.2 积极悦纳自我，恰当展示自我

对大学生来说，认识自我固然不易，接受自我和展示自我常常更难。积极悦纳自我，就是对自己本来面目的认可、肯定和喜悦的态度，将一个真实的我、本来的我展示于人们面前，可以让别人了解自己。这样将有助于密切人际关系，有助于正确认识自我和评价自我。心理学研究表明，心理健康者更多地表现出对自我的接受和认可，而心理障碍者则明显表现出对自我的不满和排斥。有些大学生对自己的容貌、性格、才能、家庭等某一方面或几方面不满，而又无力改变，便产生自我排斥的心理。这是心理幼稚的一种表现。人总要对自己有所肯定又有所否定，并且在自我意识的发展中建立两者的动态平衡。否则，对自己不满过于强烈，就会加剧心理矛盾，导致心理持续紧张，这样不仅会使个体感到活得很累，还可能引发心理问题，严重的可能出现悲剧。

悦纳自我是增进健康的自我意识的关键和核心。大学生要做到悦纳自我，需要强化四条理念：一是坚信"只要真正付出努力，同等条件下，别人行，我也一定能行"，以此来增强自信。强烈的自信和理智的努力能激发个体的潜能，促进成功。成功后的愉悦又可以使个体进一步增添自信，形成良性循环。二是不忘"尺有所短，寸有所长"。一个人固然有短处，但大学生不能

只看短处，否定自己，也不能轻易夸大而认为自己一无是处，要恰当地认同自己，而不是苛求自己。三是懂得"失之东隅，收之桑榆"，正视自己的短处，既努力扬长也注意补短。一个人在某些方面自觉不足，如果通过理智的努力来补偿，以最大的决心和最顽强的毅力去克服这些不足，往往能获得成功。华罗庚以"勤能补拙"为良训成为数学家就是例证。四是记住"失败是成功之母"，正确地对待成功和失败。成功和失败是相辅相成的，成功的果实更多时候是在艰辛的努力中逐渐成熟的。

3.2.3.3 科学塑造自我，积极超越自我

认识自我、悦纳自我是为了塑造自我、超越自我。大学阶段不仅是人才的准备阶段，也是人生的转折时期。这个时期的大学生尤其需要注意塑造自我，为在日后的社会竞争中取得成功打下良好的基础。

一是要确立明确的行动目标。人的行为特点是有目的的行为，个体的行为有无目的性，结果是不一样的。一般来说，有目标指向的行为较无目标指向的行为所获得的成就大得多。因为正确的目标能够诱发人的动机，强化人的行为，并促使其指向预定的方向。

二是要培养坚强的自控能力。自我控制的动力来源，在于从根本利益和长远利益上去看问题。有些诱惑之所以对个体很有吸引力，就是因为它充分地显示了表面的、暂时的利益。比如，在学习紧张的时候，看一场精彩的球赛可能比枯燥的学习更有吸引力，因为它能使人度过一个更愉快的夜晚。类似的种种诱惑，每天都可能存在，如果不能抵御，作为学生，如可能在考场上难以过关，在就业竞争中处于不利地位。如果能想到自己的根本利益和长远目标，就会有控制自己的动力，得以战胜表面的、暂时的利益诱惑。一个人要想成就一番事业，就必须能够抵制诱惑，主宰自己的行动，这就需要有坚强的自我控制能力，以保证理智地约束自己的情感，把握自己的行为。

三是要塑造健全的人格。人格（personaity），也称个性，是一个人在与其环境相互作用过程中所表现出来的独特的思维模式、行为方式和情感反应的特征，它组织着人的经验并形成人的行为和对环境的反应。因而，人格不仅是人的心理面貌的集中反映，也是人的心理行为的基础。它在很大程度上

决定了人对外界的刺激做出怎样的反应，包括反应的方向、形式和程度等，因而会直接影响人的身心健康、活动效果、潜能开发及社会适应情况，进而影响一个人包括生理、心理和社会文化素质在内的综合素质的发展。医学研究认为，许多心理和生理疾病都有相应的人格特征模式，这些人格特征在疾病的发生、发展中起到了生成、促进、催化的作用。大学生健康的自我意识的形成，除了要有对自我的正确认知外，还要有健全人格的支持。帮助大学生培养积极、和谐、健全的人格，对健康的自我意识的发展将起到良好的生成和促进作用。

总而言之，"在这个世界上，你是独一无二的一个，生下来你是什么样子，是由父母所给予的；然而，你的未来将由你个人去创造，主动权在你自己，那就需要不断地正确认识自我，悦纳自我，激励自我，提升自我，完善自我，超越自我"。此乃走向成功与卓越的自我。

Ψ 3.3 心理测试

心理测试一　大学生自尊心理测试

1. 量表说明

《自尊量表》（汪向东等，1999：318-326）由美国心理学家罗森伯格（Rosenberg）等编制，用以评定青少年关于自我价值和自我接纳的总体感受。该量表包括10个题目，采用4点计分（1：很不符合；2：不符合；3：符合；4：非常符合），题目总得分（处理反向计分后）越高代表自我价值感及自我接纳程度越高。

该量表内部一致性系数为0.77—0.88，重测信度为0.82—0.85。

以下列举5个题目供参考。

2. 心理测试题

亲爱的同学：你好！

下面列出了一些关于你个人情况的句子。请你仔细阅读每一个句子，并根据自己的实际感受，在答题纸上适当的位置选出符合你的答案。

1：很不符合；2：不符合；3：符合；4：非常符合。

答案无对错之分，请你认真作答。

题目	自尊心理			
	1	2	3	4
1. 我感到我是一个有价值的人，至少与其他人在同一水平上				
2. 我感到我有许多好的品质				
*3. 归根结底，我倾向于觉得自己是一个失败者				
4. 我能像大多数人一样把事情做好				
*5. 我感到自己值得自豪的地方不多				

*表示反向记分

心理测试二　WAI（Who am I）20问

1. 量表说明

WAI（Who am I）即《"我是谁"20问》是由美国心理学家库恩（Kuhn）和麦克帕特兰（McPartland）设计的一种心理测验（Myers，2006）。要求被试者对该问题作出20种回答，然后根据每个人的回答分析个人的自我认识状况。

2. 心理测试题

同学们，大家好！

请在下面的"我_____"后面，按照您头脑中出现的先后顺序填写出20种答案。

1. 我_____。
2. 我_____。
3. 我_____。
4. 我_____。
5. 我_____。
6. 我_____。
7. 我_____。
8. 我_____。
9. 我_____。
10. 我_____。

11. 我_____。
12. 我_____。
13. 我_____。
14. 我_____。
15. 我_____。
16. 我_____。
17. 我_____。
18. 我_____。
19. 我_____。
20. 我_____。

心理测试三 大学生自我概念心理测试

1. 量表说明

《自我概念量表》是林邦杰（1986）修订的《田纳西自我概念量表》（*Tennessee Self-Concept Scale*，TSCS），适用于12岁及以上人群。该量表共有70个自我描述的句子，包括10个维度，即身体自我、伦理道德自我、心理自我、家庭自我、社会自我、自我认同、自我满意、自我行为、自我总分及自我批评。

本量表采用5点计分（1：完全不符合；2：不符合；3：部分符合，部分不符合；4：符合；5：非常符合）。

前9个维度得分越高，自我概念越积极；而自我批评维度得分越高，自我概念越消极。

该量表各维度的内部一致性系数为0.67—0.85。

以下列举10个题目供参考。

2. 心理测试题

亲爱的同学：你好！

大学生自我概念心理测试的目的是帮助你了解自己。问卷上的每一个题目是在描述你的实际情况。请仔阅读每个题目，判断该题目所叙述的内容与你的真实情况是否相同。1：完全不符合；2：不符合；3：符合，部分不符合；

4：符合；5：非常符合。

例题：1. 我喜欢打球。2. 我不喜欢看电影。

如果例题1叙述的情况和你的实际情况完全相同，就在对应的第"5"个空格中打"√"。同理，如果你觉得例题2的情况与你的实际情况完全不相同，就在对应的第"1"个空格中打"√"。

共有70个题目，请每题都答，不要遗漏。

题目	自我概念				
	1	2	3	4	5
1. 我的身体健康					
2. 我喜欢经常保持仪表整洁大方					
3. 我举止端正，行为规矩					
4. 我的品德好					
5. 我是个没有出息的人					
6. 我经常心情愉快					
7. 我的家庭幸福美满					
8. 我的家人并不爱我					
9. 我讨厌这个世界					
10. 我待人亲切友善					

心理测试四　个人评价问卷

1. 量表说明

《个人评价问卷》是用来评定自我评价的一个方面——自信。一般认为自信是一个人对自己能力或技能的感受，是对自己有效地应付各种环境的能力的主观评价（汪向东等，1999：326-329）。

本量表采用4点计分（1：非常同意；2：基本同意；3：基本不同意；4：极不同意）。表中*为反向计分题。总分范围为54—216分，分值越低表示自信程度越高。

以下列举10个题目供参考。

2. 心理测试题

亲爱的同学：你好！

以下列出的许多陈述反映了普遍的情感、态度和行为。请仔细阅读每一条陈述，考虑一下近两个月内这些条目对你是否适用，它是否符合你的实际情况。请你尽量诚实、准确地回答。但没有必要每一条都刻意花太多时间。

请像下面所列的那样，选择你同意每一个陈述情况的程度。1：非常同意；2：基本同意；3：基本不同意；4：极不同意。

题目	个人评价			
	1	2	3	4
1. 我是个会交际的人				
*2. 近几天来有好几次我对自己非常失望				
*3. 使我烦恼的是我的模样不能更好看点				
4. 维持一个令人满意的爱情关系对我没有困难				
5. 此刻我比前几周更为快乐				
6. 我对自己的身体外貌感到满意				
*7. 有时我不去参加球类及非正式的体育活动，因为我认为自己对此不擅长				
*8. 当众讲话会使我不舒服				
*9. 我愿意认识更多的人，可我又不愿外出和同他们见面				
10. 体育运动是我的特长之一				

Ψ3.4 心理拓展训练

1. 自我剖析

请同学们依据自己的心理测评分析结果全面了解自己目前的自我认识状况，解决"我是谁"的问题。

2. 小组讨论与分享

（1）讨论一下大学新生自我意识的重要性。

（2）大学新生自我意识的矛盾与冲突有哪些？

（3）作为大学新生应该怎样调适自我意识的矛盾与冲突？

3. 感悟与收获

请同学们写一写通过对本章内容的学习与了解，你最大的感悟是什么？你最大的收获是什么？

4 大学生的健全人格

播下一种心态，收获一种思想；播下一种思想，收获一种行为；播下一种行为，收获一种习惯；播下一种习惯，收获一种性格；播下一种性格，收获一种命运。

——詹姆斯

> **本**章首先在人格概述部分，简单阐述了人格的内涵、结构及人格的特征，其次讲述了健全人格与不健康人格的界定及特征，再次列举了常见的人格障碍类型及调适策略，最后讲述了大学生健全人格的培养途径。

Ψ4.1 心理案例

治疗个案——双面夏娃

有人认为，多重人格障碍源自个体儿时的受虐经历，可以通过将其亚人格重新整合到个体的主人格中而被治愈。多重人格障碍最著名的个案便是白色夏娃。1952年，两位精神病医生 Corbett Thigpen 和 Hervey Cleckley 报告了伊芙（Eve）——白色夏娃的个案。

伊芙是一个整洁、拘谨的年轻女子，时年25岁，已婚，有一个4岁的女儿。她有严重的头痛，还伴有偶发的晕眩，已经连续接受了14个月的治疗。

伊芙向医生讲述一些令她困惑的事件：她买了一些根本负担不起的衣服，但是她却没有买东西时的记忆。在讲述的过程中，她的言行举止突然出现了改变。她先是一脸疑惑，然后脸上的线条出现了变化。她的眼睛瞪大了，她挑衅般地微笑着。她以轻浮而欢快的语气跟医生要烟，而伊芙并不吸烟。

这就是"黑色夏娃"，一个与白色夏娃完全不同的人格——她的皮肤对聚酰胺材质过敏，白色夏娃没有这个问题。白色夏娃并不知道黑色夏娃的存在，而黑色夏娃却知道白色夏娃，她甚至还嘲笑白色夏娃是一个"笨蛋"……

Ψ4.2 心理知识

4.2.1 人格概述

4.2.1.1 人格的内涵

人格一词源自晚期拉丁文persona，最初指戏剧演员在舞台演出时所戴的面具，后来逐渐被罗马演员普遍采用。到了中世纪的欧洲，persona一词的含义比晚期拉丁文的更加广泛，不仅指面具、戏剧角色，而且也指人的个体特征和社会地位。直到现代英语中才出现了"personality"，即人格。现代心理学中沿用的人格一词具有两层意思：一是指个体在人生舞台上所表现的种种言行，就像舞台上根据角色的要求而戴的面具，反映个体的外在表现；二是指个体由于某种原因不愿展现的真实自我，即人格的内在特征。人格是心理学理论中的核心概念之一，作为一个学科的研究对象性范畴，被诸多学科所关注。不同学科的研究者从不同的角度对人格做了不同的界定，至今尚没有一个公认的概念。但是，大多数的心理学家都倾向于把"在个体身上经常地、稳定地表现出来，使得某个体可以明显地区别于他人的那种心理特点"称为人格，所以说，"人格是人的各种心理特征的总和或是一个稳定的组织系统"（童俊，2008）。

我国现代人格心理学家郑雪对人格的定义是：人格是指个体在遗传素质的基础上，通过与后天环境的相互作用而形成的相对稳定的和独特的行为模式（郑雪，2001）。他指出人格首先是一个人的行为模式；其次这种行为模式具有独特性和稳定性的特征；最后人格是在遗传素质的基础上通过与后天环境的相互作用而形成的。

4.2.1.2 人格的结构

人格包含三个系统，分别是人格动机系统、心理特征系统和自我调控系统三部分。人格动机系统即动力系统，决定着个人行为的积极性，由需要、动机、兴趣、目的、志向、理想、信念、价值观等构成；心理特征系统即个性心理特征，是个人身上经常表现出来的那些稳定的心理特征，它影响个人活动的效能和风格，包括气质、性格、能力等；自我调控系统即自我意识，是指人对自身及对自己与客观世界的关系的意识，它能使每个人在与周围环境打交道的过程中对自己有认识、有体验、有控制。人格所包含的这三个系统既是相对独立的，又是相互渗透、相互制约的。

每个人都有自己的人格动机系统、心理特征系统和自我调控系统，但由于各人的这些系统在强度和质的特点等方面存在稳定的差异，这就构成了人与人之间千差万别的人格特点。良好的人格品质，是学生学习的心理条件和前提，是学生适应学校、适应生活的保障，是学生参与未来社会竞争的基础。

4.2.1.3 人格的特征

人格的特征一般包含：人格的整体性、人格的独特性、人格的稳定性、人格的发展性与人格的社会性。

1. 人格的整体性

人格的各个成分或特征不是孤立地存在的，也不是机械地联合在一起的，而是相互联系、交互作用的有机整体。人格的整体性主要表现在以下几个方面：首先，人格的内在统一性，保持本我、自我和超我的动态平衡，能够及时地调整内部心理世界中出现的冲突；其次，人格是由多种紧密联系的成分和特质构成的多层次、多侧面、多水平的统一整体；最后，通过人格的整体性才能从其他人格特征中分辨和认识个别特征，并赋予其确定的意义。

2. 人格的独特性

人和人之间有不同的心理倾向及不完全相同的心理和行为；每个人的需要、动机、兴趣、目的、志向、理想、信念、价值观，以及影响个人活动的效能和风格，包括气质、性格、能力等都存在个体差异性；除此之外，每一个人对自身及对自己与客观世界的关系的意识也不尽相同，这些就表现为人格的独特性，使人格特征的表现千差万别。

3. 人格的稳定性

一个人出生后，通过教育和参加社会实践，逐渐形成一定的行为动机、理想、信念、价值观，在一定倾向性的指引下，使自己的心理面貌在不同的生活情境中显示出一贯的品质，构成稳定的人格。个人身上会表现出许许多多的心理特征，但构成人格特征的是指那些经常出现的、比较稳定的特征。正因人格具有稳定的特征，才能表明一个人是具有人格的个体；才能把一个人与他人在精神面貌上区分开来，并预测一个人在特定情境中将会怎样行动。

4. 人格的发展性

奥尔波特说，"人格像每一种有生命的物体一样，随着成长而发生变化"。我们整个人生的历程就是有机体不断对外在环境进行顺应与调适的过程，经验与内部成长的相互作用，使人格及其各成分随自身的成长而发生着连续的积极变化。儿童期形成的人格不稳定，容易受到环境的影响而发生变化；成人的人格较稳定，但是，如果脑部受到重大伤害，或是具有决定性影响的环境因素和机体因素也有可能影响个人人格特征的变化。以前人们只关注个体从出生到成年期的人格发展，而认为成年期后的人格发展处于停滞状态，最后则以人的各种机能的衰退为结局。事实上，个体成年后，还要面临许多人生课题如继续接受教育、组建家庭、为人父母、工作、面对即将到来的生命终结等，人格发展也就成了持续人一生的前后关联的过程。

5. 人格的社会性

人格的社会化是把一个生物人变成一个社会人，人格结构中的兴趣、理想、信念等主要是在社会的影响下形成的，是个人在与他人的社会交往中所掌握的人生经验和行为规范。由此可以看出，社会因素对人格的影响可以归纳为两种情况：其一是即时性的社会影响；其二是个人所在社会的文化历史的濡化作用。

4.2.2 健全人格概述

4.2.2.1 健全人格的概念

关于健全人格的研究由来已久，我国早在两千多年前的先秦时期，就已经形成了相当系统的人格思想。在古代诸多理想人格的构想中，出现了仁、智、勇、隐、中庸、自强的理想人格模式（杨波，1999：11），在中国传统人格思想中占有主导地位，对后世的影响也最为深远；近代著名的教育家蔡元培先生曾指出，所谓健全的人格，内分四育，即体育、智育、德育、美育（蔡元培，1997）。他强调通过后天的教育和环境影响促进人的人格发展。西方学者则提出了许多健全人格的模式及标准。如美国著名的人格心理学家奥尔波特提出了健全人格的成熟者模式，美国人本主义心理学家马斯洛提出了自我实现者的模式，美国的人本主义心理学家罗杰斯提出了机能健全者模式，美国新精神分析学派的代表人物、心理学家弗洛姆（Fromm）则提出了"创发者"模式。

从国内外学者关于健全人格的相关研究来看，目前尚无明确、统一的说法。从社会学的角度来说，健全人格是一个由自然人向社会人转化的过程，它表现为人对复杂社会关系的正确认识和良好适应；在教育学家看来，健全人格是人的个性的全面发展；心理学家则认为，健全人格就是健康人格，是人格发展到一定阶段的一种理想状态，它表现为有机体能主动灵活地适应自然、社会环境，心情舒畅，做事效率高。

4.2.2.2 健全人格的特征

国内外学者都对健全人格的特征做了研究，在当前人格心理学的研究中，存在两种主要的研究取向，一种是特质取向，另外一种就是文化心理取向。从文化心理的角度来分析，西方学者是以个人主义为价值取向得出的健全人格特征与东方学者以集体主义价值取向的健全人格特征之间存在些许的不一致性（Myers，2011：527）。美国著名的人格心理学家奥尔波特提出成熟者模式，他认为健全的人格应该包含6项标准特征：自我扩展能力，与他人热情交往的能力，自我接纳的能力和安全感，实际的现实知觉，自我客观化，统一的人生哲学（黄希庭，2002：199-200）。Havingurst综合许多心理学家的意见，认为个体具有以下9种有价值的心理特质即为心理健康：①幸福感，这是最有价值的特质；②和谐，包括内在和谐及与环境的和谐；③自尊感；④个人的成长，即潜能的发挥；⑤个人的成熟；⑥人格的统整；⑦与环境保持良好接触；⑧在环境中保持有效的适应；⑨在环境中保持相对独立（李雪平，2004）。

我国学者高玉祥（1997）教授认为，健全人格是各种人格特征的完备结合。他将健全人格的特点概括为：①内部心理和谐发展；②人格健全者能够正确处理人际关系，发展友谊；③人格健全者能把自己的智慧和能力有效地运用到能获得成功的工作和事业上。这些阐述都是人格健全者的标志，生活中很多人达不到这个标准，但这些都为我们健全人格的培养提供了一种范式。

综上所述，我国学者认为，大学生健全人格包括以下几个方面的内容：一是自我悦纳，接纳他人。人格健全的学生能够积极地开放自我，正确地认识自己，坦率地接受自己的不足并对生活持乐观向上的态度。二是人际关系和谐。人格健全者心胸开阔，善解人意，宽容他人，尊重自己也尊重他人，对不同的人际交往对象表现出合适的态度，既不狂妄自大，也不妄自菲薄，在人际关系中具有吸引人的魅力，深受大家的喜欢。三是独立自尊。人格健全者人生态度乐观向上，生活态度积极热情，有正确的人生观与价值观，能够理性分析生活事件，头脑中非理性观念较少。人格独立，自信自尊。四是能够发挥自己的潜能。人格健全的大学生具有自我发展、自我塑造与自我完善的能力。能够充分开发自身的创造力，创造性地生活，发现生命的意义并选择有意义的生活。

4.2.3 常见的不健康人格类型

不健康人格是介于健全人格和病态人格（人格障碍）之间的状态，常见的不健康人格特征主要表现在过度兴奋、抑郁、多疑、自我中心、情绪波动、脾气暴躁、自卑、孤独、依赖、焦虑、嫉妒、报复等方面。

4.2.3.1 过度兴奋

过度兴奋是大学生心态不稳的表现，多指精神的亢奋和不能自制。在大学生中存在的过度兴奋状态多指过于交际、表现外露，甚至有的表现轻浮，尤其在大学新生中表现明显。针对大学生的过度兴奋心理进行调适时，首先，要从中国传统文化的"中庸之道"切入，让学生懂得行事要适宜，凡事都要有度的道理。其次，在这种特定的中国传统文化的氛围下，从大学生的自我管理心理和自我心理调控两个方面进行教育，使大学生的心理趋于较稳定状态。

4.2.3.2 抑郁

抑郁，俗称"忧郁"，是一种常常以异常的情绪低落为特点的心理障碍。常常表现为悲观绝望、唉声叹气、沉默孤独、对人冷漠无情、缺乏生活热情、有自卑感、思维行动迟缓、言语减少、不思饮食，一般在遭受精神打击或重大事件的冲击后发生。如果学生突然产生如下变化应引起老师们的注意：一是变懒了，二是变呆了，三是变忧愁了，四是变焦虑了，五是性格突然变了。如有上述5种变化，应该及时劝导其找心理老师进行心理咨询。

4.2.3.3 多疑

多疑这种不健康人格不易引起人的注意，它可以表现在许多方面，如疑病、疑偷、疑别人说坏话等。有多疑心理的人，往往人际关系紧张，过分敏感他人言行。有的人对自身的健康状况或身体某一部分功能过分关注，怀疑自己得了某种严重的身心疾病，因而紧张焦虑，四处求医。这种学生往往性格较软弱，女生多于男生。

4.2.3.4 自我中心

有自我中心人格特征的大学生过分关心自己，过分强调自己的感情，凡事考虑的出发点就是自己，不去考虑别人的感受。例如，当和同学发生冲突时，首先想到的是别人的错，而不是自己哪里做得不合理；只是一味地责怪别人，不会站到他人的角度去思考问题。除此之外，有的大学生还爱夸张，好炫耀，喜欢引人注意，从而继续表现出浓厚的自我中心色彩。

要克服自我中心，就需有同理心，学会从他人的立场和角度去看待问题。正如犹太法典所说："我们所看到的并非事物本来面目，我们以我们的方式看待事物。"

4.2.3.5 情绪波动

大学生血气方刚，遇事容易激动或冲动，时而热情开朗，时而郁郁寡欢，这是青少年时期学生的情绪特征之一。例如，遇到开心的事情手舞足蹈，高声欢呼；遇到不愉快的事情，稍不如意便火冒三丈，做出过激反应，令旁人不可理解，自己也常感到莫名其妙。这种无端的情绪波动会历时数天，乃至数周。有时自己也意识到，但似乎控制不住。凡有这种情况的大学生，应冷静分析引起情绪波动的原因。同时，每当情绪低落时，找一些高兴的事情做，以转移情绪。这种情况若不注意克服，易形成不稳定人格或循环性人格。

4.2.3.6 脾气暴躁

一些人的性格常被周围人称为"脾气急躁、性子暴烈"，这种不健康的人格表现在男生中较为多见。凡有这种情况的大学生，应多注意自我修养，并设法养成每当发火时作自我暗示的习惯。如在心里默默地从1开始数数字，使怒气得到缓冲；还有一种方法，就是在头脑里闪现"制怒"名言，正如林则徐任两广总督时总督府厅堂悬挂的那幅其亲笔所书的格言："海纳百川，有容乃大；壁立千仞，无欲则刚。"此乃林则徐的"制怒"格言。我们若不注意克服这种情绪，则易形成攻击性人格或爆发性人格。

4.2.3.7 自卑

大学生若还不能够在新的认识水平上达到自我意识的协调一致，会自我统合失调，出现自我意识混淆现象，通常遇到挫折易产生自卑心理。如有的学生因为身材矮小、相貌丑陋、出身低微，或因学习差、能力不如别人等，时常产生自卑感，甚至处事、交往、学习都常从这一角度出发，畏缩不前，流露悲观情绪。自卑是人际交往的大敌。自卑的人悲观、忧郁、孤僻、不敢与人交往，认为自己处处不如别人，性格内向，总觉得别人瞧不起自己。

产生这种心理的主要原因，是个体过多的自我否定、消极的自我暗示、挫折的影响及自身心理或生理等方面的不足。帮助学生调适这种自卑心理的策略有几点。首先，要教育学生采用积极的态度来面对所遇的问题，让他们正确地认识自己，正确地对待自己，提高自我评价；其次，要引导学生懂得如何与人作比较，不要拿自己的短处和别人的长处去比较，这样永远比不过别人；最后，就是明白一个人生道理，金无足赤、人无完人，学会积极接纳自我，增强自信。

4.2.3.8 孤独

孤独是一种感到与世隔绝、无人与之进行情感或思想交流、孤单寂寞的心理状态。青年期大学生出现的闭锁性心理特点，使他们不愿轻易向他人吐露内心秘密，容易在自我领域中感到孤独，甚至在与他人说说笑笑时，也会出现孤独的心理体验。有的学生自我封闭严密，又喜独来独往，缺乏对他人的兴趣，常处于孤单寂寞、沉溺憧憬的心理状态，往往表现出萎靡不振、不合群等特点，从而影响正常的学习、交际和生活。

马克思和恩格斯（1972：82）说过："只有在集体中，个人才能获得全面发展其才能的手段。"所以，大学生首先要学会把自己融入同学的圈子和集体团队里，学会与同学相处、交往的技巧；其次要努力克服自负、自卑和自傲的个性心理特点，积极与同学友好相处，交到自己人生可信任的知己朋友，真正感受到与他人的心心相融、被他人所理解和接受。只有这样才能满足这个年龄段的心理需求——交友；只有这样，才能走出孤独寂寞的心理状态。

4.2.3.9 依赖

大学时期是"心理断乳"的关键期。这时的大学生有着强烈的独立意向，但又缺乏完全独立的能力，所以仍需要一定的依赖。但是，如果大学生的这种依赖性过强，独立性不足，在学校生活中就会表现出过多地依赖同学、集体和老师，在为人处世上缺乏主见和判断力。这种依赖心理若得不到克服，就会影响大学生的正常学习与生活。刚刚进入大学的学生们要能够尽快适应大学生活，调整自己的心态，顺利渡过"心理断乳"关键期，培养自己独立自主的能力。

4.2.3.10 焦虑

对于刚刚踏入高校的大学新生，其所面临的新环境、新的学习任务、新的人际关系及繁重的社会化任务等，都会给学生们带来新的较量与挑战，这期间难免会产生各种焦虑心理。如果有些大学生懦弱胆怯，在遇到新问题或困难时，就会紧张、提心吊胆、惴惴不安、敏感易惊，从而产生强烈的焦虑体验，甚至会引起考试焦虑、失眠等严重的负面心理影响。

凡有这种焦虑心理的大学生，应有意识地尽快克服这种焦虑心理。可以采用积极心理暗示法和系统脱敏法进行调适训练，以便舒缓和减轻心理焦虑的程度。

4.2.3.11 嫉妒

嫉妒是在人际交往中，因与他人比较发现自己在才能、学习、名誉等方面不如对方而产生的不悦、自惭、怨恨心理，甚至带有破坏性的行为。常常表现为：①对他人的长处心怀不满；②看到别人出名，心怀不甘；③自身没有竞争的勇气，总希望别人落后于自己；④往往采取挖苦、讥讽、打击，甚至不合法的行动给他人造成伤害。

大学生竞争意识较强，相互比较、相互追逐的气氛较浓，大至学习成绩、工作能力、社会地位，小至人缘、外貌、力气，都会成为彼此悄悄竞争的内容，甚至下盘棋也要争个输赢高低不可。有些同学好胜心强、心胸狭隘，就容易在竞争气氛中滋长嫉妒心理。他们往往为了取得心理上的平衡，甚至暗中拆台、背地放风，做出不道德的行为。这种情况严重阻碍了大学生的心理健康和交际，给大学生的成人和成才带来了莫大的困难，因为嫉妒会吞噬人的理智，影响正常思维，造成人格扭曲！

凡有嫉妒心理的大学生应该做到以下几点。首先，应该认识到嫉妒心理的危害性，它不仅有损集体团结，而且有害自己的身心健康，可谓自寻烦恼；其次，要改变思维方式，在高风格姿态的竞争中化嫉妒为前进的动力；最后，还需多从提高自身修养方面下功夫，转移注意力，积极升华自己的劣势为优势，采取正当、合法和理智的手段来消除嫉妒心理。

4.2.3.12 报复

一个人的行为对另一个人的利益产生一定量的损害或增益，让后者期待前者也产生不低于该量的利益的损害或让前者也产生满意的利益上的增益。人的这种反应，称为报复心理。如硬币皆有两面一样，报复心理的一面为报复，另一面则为感恩。所谓报复，就是以攻击的方式对那些曾给自己带来损害的人发泄自己的不满和怨恨，它极富有攻击性和情绪性。

据社会心理学家研究表明：报复心理的产生不仅同个性特点有关，而且与挫折的归因和环境有关。报复常常以隐蔽的形式进行，因为报复者常常以弱者的身份出现。他们没有足够的心理承受能力和公开的反击能力，所以只有采取隐蔽的方式进行报复。想改变这种心理，需要提高报复者自身的自制力和包容心；要常常反思报复结果的危害性，学会宽容，等等。

4.2.4 常见的人格障碍类型

人格障碍（personality disorder）是偏离正常人格的一类心理障碍，其内在体验和行为明显偏离人们文化期望的范围，表现在认知、情感、人际功能和冲动控制等方面，是一种严重破坏个体正常社会功能稳定的、持久的、适应不良的行为模式（Myers，2011：561），导致在社交、职业及其他重要功能领域中明显的临床痛苦和损害，一般发病于青春期。①

美国国家心理健康研究所（National Institute of Mental Health，NIMH）于1980年对心理障碍进行了一次普查。普查结果表明，心理障碍一般在成年早期就表现出来了。"在我们的样本中，75%以上的人出现第一次心理障碍症状的时间是24岁之前"，罗宾斯（Robins）和雷杰（Regier）说（Robins & Regier，1991：331）。反社会型人格障碍和恐怖症的症状出现得更早，平均到8岁和10岁时就表现出来了；酒精滥用、强迫症双相障碍和精神分裂症等症状会在20岁左右时表现出来；重度抑郁症状的出现时间稍晚，一般在25岁左右。由此可见，对青少年和年轻人进行人格障碍相关专业心理学知识的教育是非常有必要的。

下面我们就简单地介绍一下常见的人格障碍类型及其主要表现特点。

4.2.4.1 偏执型人格障碍

偏执型人格障碍（Paranoid Personality Disorder，PPD），是指有各种没有达到妄想程度的观念，总是将周围环境中与己无关的现象或事件都看成与自己关系重大。其行为特点常常表现为：极度的感觉过敏，对侮辱和伤害耿耿于怀；思想行为固执死板，敏感多疑、心胸狭隘；爱嫉妒，对别人获得成就或荣誉感到紧张不安，妒火中烧，不是寻衅争吵，就是在背后说风凉话，或公开抱怨和指责别人。拥有这种人格的人易对他人和周围环境充满敌意和不信任感，在家不能和睦，在外不能与朋友、同事相处融洽，别人只好对他敬而远之。

例如，电视剧《渴望》里王亚茹的行为模式就体现出一种典型的偏执型人格障碍特点。她自负清高、傲慢不逊、冷漠无情、孤僻多疑、不苟言笑、不善交际、生性嫉妒、执拗刻板。她与慧芳、小芳、月娟、刘大妈等格格不入；对自己的父母及唯一的弟弟，也常常是怒目以对，对待恋人罗刚更是冷若冰霜、不近情理；就连唯一与她交往的老同学，也常因受不了她那古怪的脾气而几次欲撒手而去。她我行我素、随心所欲，说话办事全凭个人意愿及激情冲动，根本不考虑旁人的喜怒哀乐，不考虑社会影响，这几乎使她到了

---

① 参见美国精神病学学会的诊断标准《精神障碍诊断与统计手册》（第4版）。

人见人恨的地步。

4.2.4.2 分裂型人格障碍

分裂型人格障碍（Schizotypal Personality Disorder，SPD），是指人的整体心理机能瓦解，各种心理活动的协调有严重损害，机体与环境之间的关系发生严重失调。分裂型人格障碍的主要表现是过度的社会焦虑、想法奇异、语言怪异、行为反常、情感冷淡、人际关系缺陷等。分裂型人格障碍患者表现为退缩，孤僻，胆怯，沉默和怪癖，不爱社交，疏离社会。患者沉浸于神秘而深奥的思考，这种思考在通常的思考范围之外，这损害了患者的日常功能。一些患者报告自己有"超自然"体验，包括知觉扭曲，如灵魂出壳、遥视、透视、心灵感应等。他们通常穿着怪异，行为反常，看上去很古怪。

例如，2013年美国上映电影《宿主》（*The Host*），讲述了地球被一个新物种"灵魂"侵入，它们寄居在人类体内，破坏他们的意识和性格，并抹去他们的记忆。女主角梅兰尼是一个幸存的人类，同时，一个叫"漫游者"（Wanderer）的外星物种寄居在她的体内，她发现梅兰尼的思想非常难以控制，并且在梅兰尼的记忆中，总会看到一个陌生的男人，这个男人正是梅兰尼心爱的人，慢慢地，"漫游者"发现自己也爱上了那个男人，并开始与梅兰尼一起寻找那个男人。一个身体，两个灵魂，简单地理解起来，梅兰尼的人格是一个分裂型的人格，同时在剧情上上演了奇怪的三角恋。

4.2.4.3 回避型人格障碍

回避型人格障碍（Avoidant Personality Disorder，AVD）患者的情感体验往往是害羞的、紧张的、焦虑的、悲伤的（童俊，2008：346-349）。他们常常表现为社交抑制、自感能力不足、对负面评价敏感的普遍模式，是临床上最常见的人格障碍之一。

美国《精神障碍诊断与统计手册》中将回避型人格障碍的特征定义为：①很容易因他人的批评或不赞同而受到伤害；②除了至亲之外，没有好朋友或知心人（或仅有一个）；③除非确信受欢迎，一般总是不愿卷入他人事务之中；④行为退缩，对需要人际交往的社会活动或工作总是尽量逃避；⑤心理自卑，在社交场合总是缄默无语，怕惹人笑话，怕回答不出问题；⑥敏感羞涩，害怕在别人面前露出窘态；⑦在做那些普通但不在自己常识之中的事时，总是夸大潜在的困难、危险或可能的冒险。

只要满足以上特征中的四项，即可诊断为回避型人格障碍。例如，影片《海上钢琴师》里的那一名拥有钢琴天赋的孤儿，他历经一切的苦难：音乐、爱情及两次世界大战。因为长久的封闭和小范围的价值实现的自我满足，而对未知世界生产了逃避的心理性格特征，即回避型人格障碍。

4.2.4.4 表演型人格障碍

表演型人格障碍（Histrionic Personality Disorder，HPD），又称癔症型或寻求注意型人格障碍，是一种以过分感情用事或夸张言行吸引他人注意为主要特点的人格障碍。这一类人的言行举止具有很强的表演性或戏剧性，目的就是要获得别人的关注、肯定和支持。具体表现有装腔作势、轻佻、浅薄、情感易变、善交际和分裂（dissociation，是一种把真实的自我与公开的自我分裂开来的倾向）等。表演型人格障碍常见于女性，发病率约为男性的两倍。

美国电影《消失的爱人》（*Gone Girl*，2014）中女主角艾米（Amy）的言行举止，就让我们看到了一位表演型人格障碍患者的行为特征与表现。

4.2.4.5 边缘型人格障碍

边缘型人格障碍（Borderline Personality Disorder，BPD），是以情绪不稳定、冲动、自我同一性紊乱和人际关系失调为主要特征的一种持久而普遍的障碍，是一种严重且复杂的心理障碍；是临床上十分常见，而且治疗难度非常大的一类疾病。边缘型人格障碍的基本特征是：行为幼稚、不稳定、情绪化，有时表现粗鲁和轻浮。

奥斯卡最佳电影《鸟人》（*Birdman*），通篇描述的都是主角瑞根（Riggan）两个自我意象间的冲突。"鸟人"在影片中一直是盛气凌人、占据优势的，到了最后终于缩到角落不发一言，显然成功使得瑞根的自我力量增强了，但是作为一个始终被虚无感折磨的边缘型人格障碍患者，瑞根冲动性自杀、自毁行为一直没有停过，成功也仍然未能帮助瑞根实现自我整合，而自我力量的增强反而使得他的自杀行为能够更坚定地执行了。

4.2.4.6 反社会型人格障碍

反社会型人格障碍（Antisocial Personality Disorder，APD），又称无情型人格障碍（Affectionless Personality Disorder）或社会性病态（Sociopathy），是对社会影响最为严重的类型。患病率在发达国家为4.3%—9.4%，我国台湾地区为0.3%。反社会型人格障碍患者相对来说，具有高度攻击性，缺乏羞愧感，不能从经历中取得经验教训，行为受偶然动机驱使，社会适应不良，人际关系肤浅，不承担社会责任，独立、冲动、刻薄、富有敌意等。

反社会型人格障碍的冲动行为表现为想干什么便干什么，事后毫不后悔，没有内疚感和自责感，令人不可理喻；在人际交往中只能与人维持一种肤浅的、短暂的友谊关系，是极端的利己主义者。

2011年10月21日英国上映的影片《我们需要谈谈凯文》，影片里面的凯文是典型的反社会型人格障碍患者。

4.2.4.7 强迫型人格障碍

强迫型人格障碍（Compulsive Personality Disorder，CPD），也称为强迫固执性格。强迫型人格障碍患者以强迫症状为主，心里总笼罩着一种不安全感，常处于莫名其妙的紧张和焦虑状态，其特点是不由自主地出现某些想法和动作。大学生中有此心理障碍的学生，在平时常有个人不安全感和不完善感，表现为总是对自己行为的正确性产生怀疑，经反复检验、思考仍不放心；或强迫回忆刚做过、早已过去的事情并反复进行回忆；或脑中常被某个念头纠缠，产生一种可怕、有害的冲动等。

2003年9月12日美国上映的《火柴人》（*Matchstick Men*），影片中罗伊（Roey）就是一名患有强迫型人格障碍的骗子。

4.2.4.8 依赖型人格障碍

依赖型人格障碍（Dependent Personality Disorder，DPD），其核心症状是依赖，患者放弃了自主性，将一切决定权交予他人，具体表现为无助、依赖和轻信别人、胆怯，认为自己无能和内向投射等。拥有这种人格障碍的人处处听命于他人，缺乏自信，总是要求别人为他拿主意；对亲近与归属有过分的渴求，这种渴求是强迫的、盲目的、非理性的，与真实的感情无关。他们宁愿放弃自己的个人趣味、人生观，只要他能找到一座靠山，时刻得到别人对他的温情就心满意足了。这种处世方式使得他们越来越懒惰、脆弱、压抑，缺乏自主性和创造性。

美国影片《不一样的天空》就曾引起全社会广泛关注。母亲的依赖倾向自不用论，其实吉尔伯特本人也在不知不觉中框死了自己的行为，他的借口就是"照顾家人"。这种情况在依赖型人格障碍患者中十分常见。

4.2.4.9 自恋型人格障碍

自恋型人格障碍（Narcissistic Personality Disorder，NPD），有此人格障碍的患者的核心症状是自我中心，具体表现为傲慢自大、好利用人、思维散漫随意、自我感觉良好、自我夸大和好文饰自己等方面。他们往往无根据地夸大自己的成就和才干，认为自己应当被视作"特殊人才"，认为自己的想法是独特的，只有特殊人物才能理解。

2002年上演的影片《拿破仑》，描述了法国近代史上著名的军事家和政治家，与亚历山大、恺撒齐名的军事天才——拿破仑。他是一位极度自信甚至自恋的人，不管在爱情方面还是在战争方面，他都有种发自内心的高度自恋。由于自信与卓越的军事才能，他率领的军队赢得了大部分战役的胜利，但是，他的自恋又让他兵败滑铁卢，结束了他的政治生涯。

4.2.5 大学生健全人格的培养途径

众所周知，心理障碍是痛苦的、折磨人的，它会导致困惑、恐惧、悲哀，但是，它是可以战胜的。例如，我们熟悉的达·芬奇、牛顿、托尔斯泰，他们战胜心理障碍而取得成功的例子都激励着我们，他们虽然经受着心理障碍的折磨，却在事业上取得了辉煌的成就。所以，如何有效地培养大学生健全人格显得格外重要。

下面我们就谈一谈大学生健全人格的培养途径。

4.2.5.1 防止大学生心理异常

（1）帮助大学生掌握心理及相关心理卫生知识，了解自我的心理现象及其发展特点，培养他们的健全人格，保持心理健康。

（2）增强大学生的适应能力，锻炼他们的受挫心理，提升自我调控能力水平，使他们能够学会自觉控制和管理好自己的情绪。

（3）加强大学生的心理健康教育，完善大学生的自我意识，使他们能够正确认识自己的性格特征，培养良好的性格，克服和改造不良的性格。

4.2.5.2 建立心理防卫机制

挫折和失败会使自我受到威胁、伤害，并可能引起焦虑、自卑和痛苦。这时，人的内心会有一种摆脱痛苦、减轻不安、恢复情绪稳定、达到心理平衡的适应性倾向，我们称之为心理防卫机制。它是适应机制的一种，其目的是为了避免精神上的焦虑、痛苦，以适应挫折。心理防卫机制有积极的也有消极的，我们应尽量采取积极的心理防卫机制，采取如升华法、幽默法、补偿法、合理化方案，以防止在心理不适的道路上越走越远。

4.2.5.3 心理咨询与治疗

大学除了开设心理健康教育通识课程外，还要积极有效地开展心理咨询工作。心理咨询不同于平常所说的"谈心"，它有自身的学科理论和科学方法，主要有支持疗法、心理分析法、行为疗法、人本主义疗法等。通过心理咨询，及时了解学生的心理问题、疏导学生心理的困扰，并尽可能帮助大学生走出困境。如果遇到难以解决的心理疾病个例，要即刻转移给资深的专业心理治疗机构，以便得到及时治疗。

4.2.5.4 健全人格的培养渗透于各学科的教育中

荣格（Jung）有句名言："文化的最后成果是人格。"可以通过不同学科文化知识的学习和增长智慧的过程来优化大学生的人格。同时，各学科的全面发展是人格健全发展的智力基础，正如培根所说："读史使人明智，读诗使人灵秀，数学使人周密，科学使人深刻，伦理学使人庄重，逻辑修辞之学使人善辩，凡有所学，皆成性格。"（金英，2009）所以，大学生健全人格的培养可以渗透到各个学科的教学过程中来完成。

4.2.5.5 健全人格的培养融入课外实践养成教育中

养成教育是在思想素质教育的基础上，侧重人的道德品质和行为习惯的一种教育。课外实践养成教育有三条途径：一是社会实践教育；二是亲自然教育；三是培养个人兴趣爱好。通过社会实践教育，让大学生亲身体验现实生活的酸甜苦辣，锻炼他们的坚强意志；开展亲自然教育，让大学生走出封闭的校园，亲近大自然，让他们领略祖国的大好河山、欣赏大自然的美景，陶冶学生的情操，培养他们的爱国情怀；培养大学生个人的兴趣爱好，有益于大学生知识的增长、良好习惯及性格的养成。

Ψ4.3 心理测试

卡特尔16种人格因素问卷

1. 量表说明

《卡特尔16种人格因素问卷》是美国伊利诺伊州立大学人格及能力测验研究所卡特尔（Cattell）教授编制的用于人格检测的一种问卷，简称16PF，是世界上最完善的心理测量工具之一。施测该问卷可以得到16种主要的人格特质因素：乐群性、聪慧性、（情绪）稳定性、恃强性、兴奋性、有恒性、敢为性、敏感性、怀疑性、幻想性、世故性、忧虑性、实验性、独立性、自律性、紧张性，可全面地评价自己的整个人格。

该问卷适用于16岁以上的青年和成人，共有187个项目。

以下列举10个题目供参考。

2. 心理测试题[①]

本测验共有187道题目，都是有关个人的兴趣和态度的问题。每个人对这些问题是会有不同看法的，回答也是不同的，因而对问题如何回答，并没有"对"与"不对"之分，只是表明你对这些问题的态度。请你尽量表达个人的意见，不要有顾虑。

---

① 资料来源：问卷星（https://www.wjx.cn/jq/176289.aspx）。

1. 我很明了本测验的说明:
   A. 是的   B. 不一定   C. 不是的
2. 我对本测验每一个问题,都能做到诚实地回答:
   A. 是的   B. 不一定   C. 不同意
3. 如果我有机会的话,我愿意:
   A. 到一个繁华的城市去旅游   B. 介于A、C之间   C. 游览清静的山区
4. 我有能力应付各种困难:
   A. 是的   B. 不一定   C. 不是的
5. 即使是关在铁笼内的猛兽,我见了也会惴惴不安:
   A. 是的   B. 不一定   C. 不是的
6. 我总是不敢大胆地批评别人的言行:
   A. 是的   B. 有时如此   C. 不是的
7. 我的思想似乎:
   A. 比较先进   B. 一般   C. 比较保守
8. 我不擅长说笑话,讲有趣的事:
   A. 是的   B. 介于A、C之间   C. 不是的
9. 当我见到亲友或邻居争执时,我总是:
   A. 任其自己解决   B. 介于A、C之间   C. 予以劝解
10. 在群众集会中,我:
    A. 谈吐自然   B. 介于A、C之间   C. 保持沉默

Ψ4.4　心理拓展训练

1. 自我剖析

请同学们依据自己的心理测评分析结果,从16个人格因素中剖析自己的人格特征,找出自己的优势与弱势。

2. 小组讨论与分享

(1) 讨论一下个人的人格特征对自身学习的重要影响。

（2）在你身边有没有人格不健康的同学，他们有哪些特别的行为表现？应该如何去帮助这样的同学？

（3）应该怎样培养大学生的健全人格？谈一谈你的建议。

3. 感悟与收获

请同学们写一写通过对本章内容的学习与了解，你最大的感悟是什么？你最大的收获是什么？

5 大学生的情绪管理

情绪是一个警讯、一个警示灯,当一个人觉得全身要"爆炸"的时候,情绪就在提醒这个人:自己到底是什么地方出了问题。因为情绪没有好坏、没有优劣,它只是告诉人们:你的反应有点问题。如果一个人有这样的警觉性,他就知道该怎样去调整自己。

——曾仕强

> 本章主要讲述了三个方面的内容:什么是情绪,介绍了情绪的内涵与分类;情绪 ABC 理论与情绪调整的 ABCDE 模式;大学生常见不良情绪的管理。

Ψ 5.1　心理案例

小事不忍，则酿成大祸

玲玲是一位独生女，漂亮又聪明，一个人离开父母，远渡重洋到国外留学，在学生公寓和另一位来自中国其他省份的女生芳芳住在同一个宿舍。有一天，芳芳蹦蹦跳跳从外面跑回来，不小心踩到了坐在床边的玲玲的一只脚，疼痛的玲玲期待芳芳的道歉……谁知，芳芳跟没事人似的又要转头出去，这时玲玲狠狠地踩了芳芳一脚，矛盾和冲突发生了。两个人单独打不过对方，于是各自邀请自己的朋友一起来参战，结果一场群架拉开了序幕……产生了严重而恶劣的负面影响，校方做出决定，坚决要求开除这些学生，并立即遣送这些参与打架的学生回国。

事后，这些学生后悔莫及，玲玲懊悔地说："我当时稍微忍一下该多好，就不会发生打架的事了，更不会被学校开除，遣送回国。"她难过极了，伤心极了，因为这样无颜回国；不仅如此，还要上黑名单，5年内不能办理出国签证。

Ψ 5.2　心理知识

5.2.1　认识情绪

稳定的、积极良好的情绪反应，是大学生学业有成和良好人际交往的关键因素。但是，随着身心的发展、认知水平的提高，大学生渐渐成熟，在遇到客观问题时，既想满足自己情感的要求，又想服从于社会和他人的需要；有些时候，尽管理智上能够理解，却在感情上难以接受。这些遇到客观问题时的种种心理冲突与困扰，使大学生的情绪波动大，容易两极分化，或高或低，易冲动，复杂多变难控制。所以，情绪问题是大学生心理健康教育所不能忽视的重要内容。

5.2.1.1 情绪的内涵

情绪是和有机体的生物需要相联系的内心体验。美国行为主义心理学家华生（Watson）认为，情绪是受环境因素影响的。婴儿先天具有怕、怒、爱三种基本情绪，人类其他情绪的反应都是在这些基本情绪的基础上，通过不同形式的学习而产生的，是个体学习的直接结果。如当一个孩子因要求得不到满足而发脾气时，父母立即满足其要求，这就强化了儿童的发脾气行为，儿童因此学会以发脾气作为要挟父母的一个手段。从这里我们发现，个体可以根据其行为受到奖励或惩罚来学习对不同情境作出反应。

情绪发展的认知理论则主张情绪是认知的产物，情绪和认知可同时产生。认知和评价在情绪变化中起决定性作用，是情绪产生的根本条件。阿诺德（M. R. Arnold）认为情绪是通过大脑皮层的认知评价才得以产生的，愉快与不愉快等情绪体验决定于对知觉对象或情境的评价。

赫布（D. Hebb）认为，知觉经验是建立在一系列神经活动序列的痕迹之上的，一个新的知觉经验与原有的知觉经验相似，就使神经活动序列激活。反之，如果两者不相符合，就破坏原来的神经回路而产生恐惧反应。例如，婴儿对陌生人的恐惧是由于婴儿对熟悉的人建立了记忆痕迹，当陌生人出现时就破坏了原来的神经回路，因而产生恐惧反应。

5.2.1.2 情绪的基本分类

关于情绪的类别，长期以来说法不一。我国古代有喜、怒、忧、思、悲、恐、惊的七情说。美国心理学家普拉切克（Plutchik）提出了8种基本情绪：悲痛、恐惧、惊奇、接受、狂喜、狂怒、警惕、憎恨。还有心理学家提出了9种类别。虽然类别很多，但一般认为有4种基本情绪，即快乐、愤怒、恐惧和悲哀。

（1）快乐，是指个体需要得到满足、愿望得以实现而产生的内心体验——快乐之感。快乐有强度的差异，从愉快、兴奋到狂喜，这种差异和个体所追求的目标对自身的意义及实现该目标的难易程度有关。

（2）愤怒，是指个体所追求的目标受到阻碍，愿望无法实现时产生的内心体验——愤怒之感。愤怒如果得不到及时缓解，就会出现情绪冲动，甚至不能自我控制，出现过激行为。愤怒也有程度上的区别，从不快乐、生气到情绪失控发疯，这种情绪对人的身心的伤害是非常大的。

（3）恐惧，是个体企图摆脱和逃避某种危险情境而又无力应付时产生的内心体验——恐惧之感。恐惧的产生不仅是由于危险情境的存在，还与个人排除危险的能力和应付危险的手段有关。一个初次出海的人遇到惊涛骇浪或者鲨鱼袭击会感到恐惧无比，而一个经验丰富的水手对此可能已经司空见惯，泰然自若。婴儿身上的恐惧情绪表现较晚，可能是与他对恐惧情境的认知较晚有关。

（4）悲哀，是指心爱的事物失去时，或理想和愿望破灭时产生的内心体验——悲哀之感。悲哀的程度取决于失去的事物对自己的重要性和价值。悲哀时带来的紧张的释放，会导致哭泣。悲哀常常会给人带来消极的情绪，但是，悲哀有时却能够转化为前进的动力，即化悲痛为力量。

5.2.1.3 情绪状态分类

情绪状态是指在一定的生活事件影响下，一段时间内各种情绪体验的一般特征表现。根据情绪发生的强度、持续时间的长短及外部表现的情况，可将情绪状态分为心境、激情和应激。

（1）心境（mood），是一种使人的所有情感体验都感染上某种色彩的较持久而又微弱的情绪状态（寇彧和唐玲玲，2004），就是我们平常所说的心情。如"人逢喜事精神爽"，当一件喜事发生在我们身上的时候，我们会很长时间保持着愉快的心情；如果有一件不如意的事也会让我们很长一段时间忧心忡忡，情绪低落。这些都是心境的表现。由此可见，心境与人类生活关系密切，几乎每时每刻都影响着人的行为。心境有积极、消极之分，不同类型的心境对人的行为有不同的作用。研究结果表明，积极心境能够促进助人行为，消极心境减少助人行为。但是，有的研究则发现消极心境也能够促进助人行为。

（2）激情，是一种强烈的、爆发式的、持续时间短暂的情绪体验。其特点是激动性和冲动性、短暂性、指向性，具有明显的外部表现。例如，人们在生活中的狂喜、狂怒、深重的悲痛和异常的恐惧等都是激情的表现。与心境相比，激情在强度上更大，但维持的时间一般较短暂。

激情一般是由日常生活中那些对个体有特殊意义的事件所引起的，不同的生活事件会引起不同的激情。如考上心仪的大学，找到满意的工作等，这些符合个体心愿的事件所引起的激情是狂喜的；如果是违背个体意愿的事件所引起激情就是负面的，如春秋战国时期的伍子胥过昭关，因担心被抓回楚国，父仇不能报，一夜之间竟然愁白了头。

激情可以激发人们的内在心理能量，成为人们外在行为的内在动力。但是，激情对人们行为的影响也有积极和消极两个方面，这取决于引起激情的事件。如我国女排健儿在为国争光的激情感染下，敢于拼搏，2016年里约热内卢奥运会上勇夺金牌，这就是激情对人们外在行为积极方面的影响；又如2016年7月23日下午发生在北京延庆八达岭野生动物园内的老虎袭人事件，一位女士因自己一时任性让生养她的妈妈遭遇不幸，让自己还未成年的女儿产生了巨大的心理恐惧。由此可见，激情的消极影响有很大的破坏性和危害性，它会使在激情中的人任性而为，不计后果，冲动而为，酿成大错，对人对己都造成损失。

（3）应激，是在出现意外事件和危急紧张的情况时所引起的情绪状态。如在日常生活中突然遭到歹徒的抢劫，遇到火灾、地震等，无论天灾还是人祸，这些突发事件常常使人们心理上高度警醒和紧张，并产生相应的反应，这都是应激的表现。当个体在意外紧急情况的刺激作用下，必须调动体内全部的能量以应付紧急事件和重大变故，同时，还需要迅速做出重大决策，这就可能导致应激状态的产生。

我们每一个人都会经历应激。积极的应激反应表现为沉着冷静、急中生智，全力以赴地去排除危险，克服困难；消极的应激反应表现为惊慌无措、一筹莫展，或者发动错误的行为，加剧了事态的严重性，有时身体上会出现头痛、头晕、心慌、呼吸加快和食欲不佳等症状。由此可见，加强大学生的受挫心理训练是很有必要的，这样可以提升他们的积极心理应激能力。

5.2.2　情绪 ABC 理论

情绪管理就是个体对自我情绪的管理能力。有一个非常著名的情绪管理理论，叫作情绪ABC理论，由美国心理学家阿尔伯特·艾利斯提出。

5.2.2.1 情绪 ABC 理论的内涵

情绪ABC理论中的A（activating event的第一个英文字母），指激发事件，就是引发情绪和行为后果的间接原因；B（belief的第一个英文字母），是个体通过对激发事件A的认知和评价后而产生的观念；C（consequence的第一个英文字母），是指人们基于不同观念对发生事件产生的不同反应结果，即情绪。

根据情绪ABC理论，我们发现人的情绪反应（C）不是由某一激发事件（A）直接引发的，而是由经历这一激发事件（A）的个体对它的认知和评价所产生的观念（B）所直接引起。也就是说引发人们不同情绪的关键因素就是个体的观念（B）。

5.2.2.2 情绪产生的关键因素

观念有理性的和非理性的，如果是合乎逻辑的就是有理性的，否则就是非理性的。一般来讲，一个有修养的人会把不合逻辑的观念转变成合逻辑的观念，使非理性的观念理性化。这个转变过程中的关键在于对整个激发事件（A）的认知和评价过程。下面举例来说明。

有一天中午下课回家，到厨房做午饭，在点煤气灶时，只听到滋滋的声音却打不着火。这时心里有些烦躁，正要生气、抱怨这个煤气灶不好用时，突然听到儿子说："妈妈，这个声音真好听，很有韵律，好美啊！"随即我的怒气不知去哪里了。此时，我的心似乎平缓了好多，这个烦人的煤气灶的滋滋声也变得不那么烦人了。我回头看着站在一旁的儿子，他满脸的笑容，我也笑了。

由此可见，对于同样的激发事件A（事情的前因），可以产生不同的情绪结果C（事情的后果），所有不同情绪的发生缘于我们的不同观念，即人们对激发事件的不同想法、解释和评价等。情绪ABC理论的创始者艾利斯认为：正是我们常有的一些不合理的观念才使我们产生了情绪困扰。如果这些不合理的观念得不到及时的疏导，就会使人产生郁闷，甚至还会引起情绪障碍等。所以说，情绪的好与坏就取决于我们当时对这件激发事件的看法和评价的结果，即我们的观念。让我们就通过观念来改变自己的消极情绪吧！

5.2.2.3 情绪调整的 ABCDE 模式

情绪调整的ABCDE模式（曾仕强，2007：112），其中A是指激发事件，即事情的前因；B是指个人的观念，即人们对激发事件的不同想法、解释和评价等主观看法；C是指产生的不同情绪结果，即事情的后果；D是指反省，对自己行为的一个反省：这样做看看别人的反应怎么样；E是指如果反省后发现行为不好，就赶快调整，调整以后重新出发。

5.2.3 大学生常见不良情绪的管理

情绪管理必定建立在自我认知的基础上，通过自我调节，达到自我安慰，摆脱焦虑、灰暗或不安的心理，重新振奋起来。下面我们就以情绪ABC理论为基础，来谈一谈大学生几种常见不良情绪的管理。

5.2.3.1 愤怒情绪的管理

莎士比亚曾经说过，愤怒属于野兽一般的激情。它能经常地反复，是一种残忍而百折不挠的力量、不幸的盟友、伤害和耻辱的帮凶。所以，我们要管理好愤怒的情绪，否则我们会身心受害，影响正常生活。

那么，我们如何来管理我们的愤怒情绪呢？首先，了解愤怒情绪产生的原因，然后针对愤怒情绪产生的根源提出管理愤怒情绪的适当方法。愤怒情绪产生的原因：一是与我们所期待的不一样，或者说是没有满足我们内在的需求；二是与我们的心理承受力水平有关，如果心理压力太大，就会焦虑不安，很多的担心随之产生，心里就会感受到自己的压力很大，甚至到了承受不了的程度，需要把它发泄出来。

当我们搞清楚了愤怒情绪产生的原因，才有可能管理好我们的愤怒情绪。当我们遇到让人生气、愤怒的事情时，最好的方法就是改变自己对问题的看法和认知角度，调适自己的预期需求，并不断通过受挫事件提升自己的心理承受力，做到"激不怒"。正如《三国演义》里面的司马懿，无论诸葛亮怎样激他，他都心平气和。所以说，司马懿是情绪管理的高手。

除此之外，还要清楚地认识到愤怒情绪对自身的伤害，是拿别人的错误来惩罚自己，是不值得的；同时，愤怒是后悔的前奏。例如，因为愤怒而摔坏自己心爱的手机，事后想想就会后悔了，还得花钱再买一部手机，何必呢？

5.2.3.2 忧郁情绪的管理

常言道："人无远虑必有近忧。"我们活着，就不可能天天快乐，永远无忧无虑，一定会遇到各种各样的问题。现在没有问题，将来一定会有问题。所以，我们大学生要有一个正确的观念，就是：每一个人都会有忧也有虑。

记得有一个故事讲道，从前有一个农夫，一直以来，总是频频抱怨他的命运不佳，只要他看到左邻右舍有人看起来比他的运气要好的时候，他就羡慕不已，希望自己能跟别人交换命运。

他日复一日地在上帝面前祈祷。一天，天使突然来拜访他，并且表示愿意帮他实现交换命运的希望。

天使说："你只需要把你所有的烦恼装进一个麻袋里，然后来到郊外，那儿有一袋袋堆积如山的烦恼，你喜欢哪一袋，就换哪一袋。"

农夫高兴极了，随即把他的烦恼打包成袋，动身出发。一路上，他觉得肩上的麻袋越来越沉，重得让他几乎无法前进，但因为交换烦恼的心情非常迫切，所以他仍然咬紧牙关继续走下去。

他边走边想着村里的财主，拥有一栋大房子，还有位美丽的老婆，一定没有衣食的烦恼。他又想到村里最有权威的村长，看起来多么自由自在啊！他似乎比任何人都随心所欲。他想到村里那位充满智慧的老人，过着清心自在、超绝尘世的生活。他们的烦恼一定是最少的。

当农夫来到郊外之后，天使将他肩上的这袋烦恼放下，放进一堆装着烦恼的麻袋中间，而这些麻袋都是一般穷人所羡慕与嫉妒的人。

天使说："选多久都没有关系，只要你能够选一个最喜欢的，就可以把它带回家，这样你的那些烦恼都没有了，你的命运也就改变了。"

农夫兴高采烈地开始他的拣选工作。他花了整整一天的时间，选了又选，捡了又捡，终于选出了一个他心目中最理想，重量最轻的麻袋。

他所选出的麻袋如此之轻，仿佛里面只装了空气似的。他心花怒放地带着这袋烦恼走回家，一路上揣测着，这麻袋里装的烦恼稀少，一定是某个他一向羡慕的人所拥有的。

然而当他把麻袋放下，迫不及待地打开一看后，几乎晕了过去。原来，他在堆积如山的麻袋里，竟然拣出了他自己的那一袋。在一天的精挑细选、比较再比较之后，原来，他的烦恼是最轻的，是最不造成负担的。

经此一番，他终于能自然、无怨无悔地接受自己的缺陷与限制，还有他种种的悲伤、困扰和焦虑，这些原本都是他极想与人交换的，但如今，他已无从抱怨了。

就如同故事的主人公一般，在我们身边，总有一些人就外表看来，是我们心中羡慕的，希望自己能够成为的对象：或许他们事业出色，家庭美满；或许他们收入丰厚，外表迷人；或许他们外交手腕高明，左右逢源等。

但事实上，当我们更深入地了解别人的生活之后，便不难发现，许多事业成功的人们，往往在工作上也较一般人付出更多的心力与时间，也必须承受更多的压力与风险；人际关系良好的人，往往在与人往来时，比一般人更能够放下身段，为别人着想，不吝为别人付出自己的关爱与时间；身体健康的人，往往有规律运动、饮食节制的习性与自我要求；有智慧的人，往往比其他人经历过更多的人生波折和大风大浪……

所以，管理好忧郁情绪的最好方法就是拥有一颗平常心，接受自己的现状，悦纳自我，感受真实人生。与其视生活中的烦恼为负面且该除去的东西，不如认为麻烦的存在即是人生的象征，有挫折与失败、付出与牺牲，我们才能体会成功，经由烦恼的洗礼我们才能够得到智慧。正如富兰克林所说，平静的内心便是拥有了智慧的珍宝。尽力做到这样，我们就可以不再忧虑，管理好自己的情绪。

5.2.3.3 焦虑情绪的管理

焦虑情绪作为一种常见的情绪体验，是个体预料到将会有某种不良后果产生或模糊的威胁、危险出现而自觉难以应付时产生的，由紧张、忧虑、不安、烦恼、恐惧、焦急等感受交织而成的复杂情绪体验（金惠铭和王建枝，2005：148-150）。所以说，焦虑是一种复杂的情绪。

焦虑情绪按程度不同可分为轻度、适度和过度三种水平。轻度的焦虑情绪水平不能充分调动人们的生理和心理资源，进而不能充分提高学习和工作的效率。适度的焦虑情绪可唤起人的警觉,集中注意力,激发斗志,起着强化动机的作用,有利于提高人们的工作学习效率(林文毅和张丹玲,2006)。过度焦虑情绪能分散和阻断注意过程,干扰记忆和思维结果;过度焦虑情绪还能破坏人体内环境的稳定,使身体机能发生紊乱(王淑珍和王有智,2007)。因此,过度焦虑情绪既对人们的学习、工作效果及生活质量产生不利影响,又损害人的生理、心理健康。

大学生焦虑情绪的产生大部分是因为害怕失败。常见的有:①大学生活适应焦虑。因对新环境难以很快适应,而引起焦虑情绪。②人际交往焦虑。由于大学校园里的同学来自全国各地,互不相识,这种人际关系的转变,会造成某种程度上的人际交往困扰与烦恼,从而引发焦虑情绪。③学习焦虑。因为不少同学习惯了高中时被动的学习方式,上大学后对自主、独立、开放、多元化的学习方式不能很快适应,造成学习成绩下降,由此引发对未来的学习生活和前途的不安与忧虑情绪,极个别同学担心完不成学业而陷入焦虑恐慌的状态中。④考试焦虑。由于担心考试失败或渴望获得更好的分数而产生的一种忧虑、紧张的心理状态,表现为紧张不安、焦虑烦躁、反应迟钝、记忆中断、失眠、腹泻、血压不稳、头晕、盗汗、食欲不振等。

由此可见,要管理好自己的焦虑情绪就要从焦虑情绪产生的根源入手,克服自身害怕失败的心理。当大家不再担心新环境的适应问题,调适好自己的心态,"既来之则安之",就可以克服因对新环境难以很快适应而引起的各种焦虑反应。同样,不要害怕与别人交往,不要害怕自己的不足会被笑话或被拒绝,不要担心期末考试的结果等,只要做到尽自己的全力,认真努力去做了,将来,即使事情的结果不怎么理想,至少在这个努力的过程中自己也学到了不少东西,没有虚度自己的青春年华,也就可以内心无憾了。这样便可以减轻自己的心理负担,轻装上阵,保持旺盛的精力和积极的心理状态来迎接自己的每一天。

美国心理学家戴尔(2007)说过:"一旦你学会依照自己的选择控制情感,你就踏上了一条通向'聪明才智'的道路。"调节和运用情绪情感的能力是情绪智力的高层次要求。不仅要对自己的消极情绪进行有效的控制,还要能够将其转化为积极的情绪影响周围的人。

Ψ5.3　心理测试

情 商 测 试

1. 量表说明

情商（emotional quotient）通常是指情绪商数，简称EQ，主要是指人在情绪、意志、耐受挫折等方面的品质，其包括导商（leading quotient，LQ）等。《情商测试》共33道测试题，测试时间为25分钟。测试时切记不要有意识地尽量展示你的优点和掩饰你的缺点。如果你真心想对自己有一个判断与了解，那你就不应施加任何粉饰。否则，你应重测一次。

以下列举10个题目供参考。

2. 心理测试题[①]

亲爱的同学：你好！

为了帮助你更好地了解自己的EQ状况，本测试共33道测试题，测试时间为25分钟。请如实选答下列问题。

1. 我有能力克服各种困难：
　　A. 是的　　B. 不一定　　C. 不是的
2. 如果我能到一个新的环境，我要把生活安排得：
　　A. 和从前相仿　　B. 不一定　　C. 和从前不一样
3. 一生中，我觉得自己能达到我所预想的目标：
　　A. 是的　　B. 不一定　　C. 不是的
4. 不知为什么，有些人总是回避或冷淡我：
　　A. 不是的　　B. 不一定　　C. 是的
5. 在大街上，我常常避开我不愿打招呼的人：
　　A. 从未如此　　B. 偶尔如此　　C. 有时如此

---

① 资料来源：国际标准情商测试题（https://www.apesk.com/eq/）。

6. 当我集中精力工作时，假使有人在旁边高谈阔论：

　　A. 我仍能专心工作　　B. 介于A、C之间　　C. 我不能专心且感到愤怒

7. 我不论到什么地方，都能清楚地辨别方向：

　　A. 是的　　B. 不一定　　C. 不是的

8. 我热爱所学的专业和所从事的工作：

　　A. 是的　　B. 不一定　　C. 不是的

9. 气候的变化不会影响我的情绪：

　　A. 是的　　B. 介于A、C之间　　C. 不是的

10. 我从不因流言蜚语而生气：

　　A. 是的　　B. 介于A、C之间　　C. 不是的

Ψ5.4　心理拓展训练

1. 自我剖析

请同学们依据自己的心理测评分析结果，剖析自身情绪的调控能力水平及现状，找出适合自己的情绪管理方法。

2. 小组讨论与分享

（1）讨论一下个人情绪对自身学习、生活的重要影响。

（2）在你的同学中有没有情绪不稳定的同学，他们有哪些特别的行为表现？你认为应该如何去帮助这样的同学？

（3）应该怎样管理好自己的情绪？谈一谈你的想法。

3. 感悟与收获

请同学们写一写通过对本章内容的学习与了解，你最大的感悟是什么？你最大的收获是什么？

6 大学生的人际交往

美国教育家戴尔·卡内基说过:"一个人事业的成功,只有百分之十五靠他的专业技术,另外的百分之八十五要靠人际关系和处世技巧。"良好的人际关系使人获得安全感和归属感,给人以精神上的愉悦和满足,促进身心健康。

本章主要讲述 5 个方面的内容:人际交往的内涵,人际交往中的心理效应,大学生人际交往常见的人际关系类型,大学生人际交往和谐的标准与建议,以及大学生人际交往原则。

Ψ6.1　心理案例

两个女生之间

小兰与小宁是某师范院校大一的女生，小宁性格活泼开朗，小兰性格内向。两人同住一个宿舍生活，同在一个班级学习。入学不久，两个人成了形影不离的好朋友。可是，过了两个半月后，两个人开始闹别扭，互相争吵，而且都认为是对方的错……于是，两个人谁也不理谁，互相生气。但是，两个人心里都很不是滋味，快乐不起来……

冷战半个月后，她们真实体验到那种难以表述的孤独感，仿佛每天都生活在郁闷的情境里。当她们想去与对方和好，又碍于面子，不肯低头；重新交一个知心的、可以信赖的新朋友却又不那么容易。于是，心里的煎熬与矛盾冲突，给她们带来了心理压力，产生了抑郁情绪，直接影响到了她们正常的大学生活与学习；不仅如此，还对自己身心的健康都造成了极大的负面影响。

Ψ6.2　心理知识

人际交往是一门艺术，是每一个人都必须学习的一门功课，是决定一个人成功与否的重要因素之一。那么，如何与人友好相处，建立和谐的人际关系便成为各高校新生所面临的一个重要的人生课题。下面，我们就从人际交往的内涵切入，谈一谈大学生人际交往的相关内容。

6.2.1　人际交往的内涵

6.2.1.1　什么是人际交往

人际交往也称为人际关系。人际关系这个词是在20世纪初由美国公共人事管理协会率先提出的，也被称为人际关系论，1933年由美国哈佛大学教授梅奥（Mayo）创立。这个概念可以从三个方面理解：①人际关系表明人与人相互交往过程中心理关系的亲密性、融洽性和协调性的程度；②人际关系由认知、情感和行为三种心理成分组成；③人际关系是在彼此交往的过程中建立和发展起来的一种社会关系，这种关系会对人们的心理产生影响，会在人的心理上形成某种距离感。人际交往表现为人们在交往中心理上的直接关系或距离，它反映了个人寻求满足其社会需求的心理状态。

从动态上讲，人际交往是指人与人之间在心理和行为上的互动，主要是人的心理、情感的交流和沟通；从静态上讲，是指人与人之间通过动态的相互作用形成的情感联系，即人与人之间心理上的关系。

6.2.1.2 人际交往的类别

人际交往可以说是人与人之间，在一段过程中，彼此借由思想、感情、行为所表现的吸引、排拒、合作、竞争、领导、服从等互动之关系，包含了文化制度模式与社会关系。根据人们对人际交往的界定，下面将谈一谈人际交往的类别。

（1）按照不同个体之间的关系，人际交往的类别可以分为：领导与下属之间的关系、老师与学生之间的关系、父母与子女之间的关系、同学与同学之间的关系，以及兄弟姐妹之间的关系等。

（2）按照人际关系性质的好与坏，人际交往的类别可以分为：好人际关系，即协调、友好、亲密的人际关系；坏人际关系，即不协调、紧张、对立的人际关系。

（3）按照人际关系的本质，人际交往的类别可以分为：朋友型人际关系、爱情型人际关系、职员（专业型）人际关系。

（4）按照人际关系的基本倾向，人际交往的类别可分为：主动的人际交往关系与被动的人际交往关系。

（5）按照人际关系性质的交往水平，人际交往的类别可以分为：陌生（strange）人际关系，相识（acquaintance）人际关系，朋友（friend）、爱侣（lover）人际关系等。

由此可见，人际关系的分类会因为角色、职责、关系、身份的不同而不同。

6.2.2 人际交往中的心理效应

6.2.2.1 什么是心理效应？

心理效应是社会生活当中较常见的心理现象和规律；是某种人或事物的行为或作用，引起其他人或事物产生相应变化的因果反应或连锁反应。它也具有积极与消极两方面的意义。因此，正确地认识、了解、掌握并利用心理效应，在人们的日常生活、工作当中具有非常重要的作用和意义。

6.2.2.2 人际交往中常见的五种心理效应

（1）首因效应，在人际交往活动中，我们会很重视开始接触到的信息（包括容貌、语言、神态等），至于后面的信息就显得不是那么重要了，这种心理称为首因效应。虽然我们也知道仅凭一次见面就给对方下结论为时过早，首因效应并不完全可靠，甚至还有可能会出现很大的差错，但是，绝大多数的人还是会下意识地跟着首因效应的感觉走。所以，我们若想在人际交往中获得别人的好感和认可，就应当让别人产生良好的首因效应。为此，我们初次与别人见面时，要注重自己的衣着打扮，穿着要整洁，打扮应适度，言谈举止要得体，尽可能给别人留下一个美好的印象。有的人不谙此道，不太注重首因效应，因此而吃亏。首因效应提醒我们一方面要给他人留下良好的第一印象，另一方面又要在以后的交往中纠正对他人第一印象的不全面的认识。

（2）近因效应，是指在人际交往与沟通过程中，知觉对象最近给人留下的印象。上一次交往留下的印象，往往是最深刻的印象。一般而言，熟人之间的交往中近因效应会发挥较大的作用，因此我们平时应该注意给人留下良好的印象。

（3）光环效应，又称晕轮效应，是指在交往的过程中，我们往往会将对方的某个优点泛化到其他有关的方面，由不全面的信息而形成完整的印象。光环效应往往对恋爱的双方起更明显的作用，正所谓情人眼里出西施。

（4）投射效应，是指在交往的过程中，我们总是假设他人和自己有相同的倾向，即把自己的特性投射到他人身上，从而形成对他人的印象。有时候，我们对他人的猜测，无形中透露的正是对自己认识。所以，我们不要瞎猜别人的坏处，不要那么小心眼。

（5）刻板效应，是社会上对于某一类人物或事物的一种比较固定、概括而笼统的看法。在人际交往中，我们有时会把对某一类人物的整体看法强加到该类的每一个个体身上而忽视了个体特征。刻板效应有利于总体评价，但对个体评价会产生偏差。比如，农村来的同学认为城市来的同学见识广，而城市来的同学认为农村来的同学见识狭隘。

6.2.3　大学生人际交往常见的人际关系类型

在校大学生的人际关系比较简单、单纯。在家庭中，有父（母）子（女）关系、兄弟姐妹关系；在学校中，有师生关系、同学关系及两性关系。

下面，我们着重介绍大学生校园人际交往中常见的师生关系、同学关系和两性关系。

6.2.3.1　师生关系

师生关系是大学生人际关系的重要内容。大学的师生关系不同于中小学的师生关系，大学师生关系可以分为以下三种：大学生与辅导员的关系、大学生与班主任的关系、大学生与任课老师的关系。

（1）大学生与辅导员的关系，是管理与协助的关系。大学生的大部分日常生活安排和事务性工作主要是由各学院的辅导员负责，包括入学报到、入住宿舍安排、宿舍管理、外出请假、上课考勤、学生会的各种管理工作等。所以说，辅导员是学生的管理者，同时又是他们的帮助者。

（2）大学生与班主任的关系，不再像中小学时期那样居首位，班主任扮演了协助者的角色。班主任更多的工作是协助学院学生工作办公室（学工办）完成学校的各种生活与事务性工作，如走访学生宿舍，关爱学生的日常生活；参与班会，更好地落实与完成学工办的事务性工作，如贫困生的推选、节假日的安全会议等。除此以外，班主任还是学生人生道路上的引导者和日常生活的关爱者。

（3）大学生与任课老师的关系，是教与学的关系，是关乎大学生学业是否有成的重要关系。大学任课老师主要负责专业知识的讲授、专业人才的培养等工作。他们是大学专业知识的传授者，是大学生人生道路上的灯塔。大学生与任课老师关系，直接影响着大学生的专业知识学习，以及能否顺利完成大学学业。

6.2.3.2 同学关系

在大学校园里，同学是大学生人际交往的主要对象。同学关系一般可以分为以下四种：同伴同学关系、同宿舍同学关系、社团同学关系和老乡同学关系。

（1）同伴同学关系，是指同在一所大学读书、年龄相近的大学生之间的人际交往关系。可以是同班同学、同学院的大学生或是不同学院的大学生之间的人际交往关系。大学里的同学关系总体来说是和谐、友好的，同学之间的关系有亲情化、家庭化的趋势，即日常生活中是一种如同亲属一般和谐稳固的关系。例如，很多大学宿舍按年龄大小进行排行，一个宿舍的几个同学就像家庭成员一样，按年龄大小顺序排行称为老大、老二、老三等；而在不同年级之间相互称为学姐和学妹、学长和学弟。

（2）同宿舍同学关系，是指住同一间宿舍的大学生的相互关系。来自不同家庭的大学生，因为求学的缘故而住在一起、生活在一起。由于各自原生家庭的习惯、受教育程度、家庭背景等方面的不同，同住一间宿舍的大学生在相互交往过程中，可能产生各种各样的小矛盾和小摩擦。如果不及时处理，就会严重影响到他们正常的学习和日常生活，甚至影响到身心的健康发展。

（3）社团同学关系。大学生社团是大学校园里一道亮丽的风景线，是校园文化的重要组成部分。社团有理论类、实践类、文艺类、体育类，涉及各个方面。许多大学生通过社团走出校园，将自己和社会、自然融为一体，培养了能力，增长了才干。

（4）老乡同学关系。老乡是大学里一个重要的社交圈子，大家都来自一个地方，正所谓"老乡见老乡，两眼泪汪汪"，老乡同学关系是比较亲近的，甚至说在新生报到前，就已经有所联系了。因为同地域关系，老乡之间更容易建立一种彼此信任、互相帮助的关系。

6.2.3.3 两性关系

大学生的两性关系，即异性之间的交往本来是很正常的社交活动，却成了一个一直令大学生感到棘手的社交障碍。有一些学生在不良心理因素的作用下，与异性交往时总感到要比与同性交往困难得多，以致不敢、不愿，甚至不能和异性交往。甚至一些大学生因为不能正确区别和处理友谊与爱情的关系，划不清友情与爱情的界限，从而把友情幻想成爱情。

就大学生所处的年龄段而言，对异性的渴望本是正常的事。但由于一些大学生受传统观念的影响，特别是封建社会"男女授受不亲"的文化传统，认为男女之间除了爱情就没有其他什么了，使得他们没有树立起正确的"异性朋友观"。这必然会对大学生异性间交往带来一定的消极影响。另外还有舆论的影响，有的学校、老师、家长对男女同学之间的交往横加干涉，这势必加重异性之间交往的困难。要摆脱异性交往的困惑，首先要摆脱传统观念的束缚，要开展丰富多彩的集体活动，因为集体活动有利于男女同学建立自然、和谐与纯真的人际关系；其次要讲究分寸，以免引起不必要的误会。

6.2.4 大学生人际交往和谐的标准与建议

从心理学角度看，任何一种人际关系都可说是一种心理关系——心理相容关系，或是心理相拒关系。如果要求一个人和他所认识的每个人都保持心理相容的关系，那是不现实的。因为影响人际关系的因素很多，一个人不可能面面俱到。

6.2.4.1 和谐人际关系的内涵

一个心理健康的人，其人际关系总体而言应该是比较和谐的，具体表现为：①与人相处时有合作精神，而不是格格不入，甚至处处与人作梗；②在待人的态度方面，通常是友善、信任、赞赏、尊敬等肯定的态度多于敌意、猜疑、嫉妒、恐惧等否定的态度；③在归属感方面，希望为群体所接纳，成为其中一员，而不是避开人群独来独往。

6.2.4.2 和谐人际关系的标准

新生刚到学校，面对各种新的人际关系，如师生关系、同学关系，尤其是同宿舍同学关系等都需要自己来处理。那么，如何相处，或者说怎样相处的人际关系才是和谐的呢？学者们提出了以下衡量大学生和谐人际关系的标准：①乐于与人交往；②在交往中保持独立而完整的人格；③能客观评价别人，友好相处，乐于助人；④在交往中积极态度多于消极态度。盼望同学们能够正视目前自己的人际关系现状，依据以上标准，来衡量自己的人际关系是否和谐。

6.2.4.3 拥有和谐人际关系的要求

对于大学新生来说，怎样与来自不同家庭、不同社会背景的同学相处，拥有和谐的人际关系，是比较重要的问题。针对这一点，我们提出以下几个要求：①正确认识新同学，当大学一年级新生进入大学校园后，所接触到的班级和宿舍的同学大部分是陌生的，他们分别来自不同地域和不同的家庭，所以在思想观念、价值标准、风俗、习惯、语言、性格、爱好等方面都会产生很大的不同；②正确认识自我，了解自己的心理个性特征，自己的思想理念、价值观、习惯、爱好等，所谓"知人者智，自知者明"；③有同理心，要学会站在同学的立场和角度去考虑问题；④有包容心，要有大海一样的胸怀，学会包容同学的小小缺点；⑤有忍耐心，"爱"是一种忍耐，朋友之间交往要学会忍耐，不可轻易发脾气等。这些建议会给缺乏人际交往能力的新生带来些许交友的帮助，为他们的良好人际交往奠定坚实基础。

6.2.5 大学生人际交往原则

6.2.5.1 尊重他人

人与人之间的交往，都应该建立在真诚与尊重的基础上。始终能尊重他人，待他人如一个与你平等的人，你就能获得他人对你的尊重。

这一点说起来容易，做起来很难。诚然我们不是圣人，不可能彻底摆脱世俗的影响。只是我们需要意识到自己的局限性，提醒自己以平等心待人，则会在人际交往中越感顺畅，少些挫折。

6.2.5.2 倾听并恰当地给予反馈

在与人交谈时，要专注，积极倾听他的谈话，不时地给予适当的反馈和提问。倾听表示尊重、理解和接纳，是连接心灵的桥梁。倾听还体现在不随意打断别人的谈话，在别人漫无目的地谈话时，礼貌地转换话题或结束话题。在表达自己的不同看法时，首先要认可当事人的想法，再礼貌地提出自己的看法，这样就会在表明观点的同时避免冲突，不伤及彼此的关系。

6.2.5.3 学会真诚地赞美别人

发现别人身上的优点时，大胆地给予赞美或认可，会给对方带来欢乐。这种欢乐和谐的氛围会影响到其中的人，使人与人之间的关系变得轻松融洽。因为我们每一个人，都希望得到他人的赞美和赏识。赞美能让人身心愉悦，精力充沛，还能激发自豪感，增强其自信，有助于更好地了解自己的优点和长处，认识自身的生存价值。

但赞美要有的放矢，要真诚和有感而发，赞美绝不等同于恭维，既不是拍马屁，也不是阿谀奉承。赞美时切忌夸大其词、不着边际和虚伪做作，否则，赞美会失去其作用。另外，不能人前一套，人后一套，当面说人好话，背后说人坏话，或传递其他人之间相互指责、诋毁的话，势必引发他人之间的矛盾。

6.2.5.4 学会宽容和谅解

"人非圣贤，孰能无过。"我们自己都是优缺点并存，其他人又何尝不是如此？与人交往时，不要总是看到别人的短处，要想想他人的长处。这个世界上不存在一无是处的人，就像不存在完美无缺的人一样。对于别人的错误甚至无理取闹，不要揪着不放，得理不饶人，斤斤计较，针尖对麦芒。不宽容对方，以牙还牙或者坚决对立，那么隔阂就会越来越深，人际关系只会越来越紧张，对人对己没有任何益处，只会增加更多的麻烦。可见，苛求他人就是苛求自己，宽容他人就是宽容自己。

学会原谅别人，能避免许多烦人的纠纷，路就会越走越宽阔。古语曰："水至清则无鱼，人至察则无徒。"说的也是这个道理。容人者，人容之。但原谅不是无原则地忍让，不是好坏不分、软弱可欺。

6.2.5.5 换位思考，切忌自我中心、损人利己

众所周知，自私是人的本能。我们在人际交往中，都会站在自己的角度

思考问题，首先维护自己的利益，但同时我们又会非常讨厌那些为了自己利益而不惜牺牲他人利益的人。因此，在争取自己利益的同时，也要不断兼顾他人的利益，才能在人际交往中受人欢迎。

切记不要做那些损人利己甚至损人不利己的事。"己所不欲，勿施于人。"学会换位思考，常想如果自己处在他人的位置上会怎样，就能理解他人的反应，也就不会强求别人做到连自己也做不到的事情。

6.2.5.6 遵守所在群体的基本规则

群体的基本规则是为这个群体而定的，是需要大家一起来遵守的。所以，要遵守所在群体的基本规则，更要尊重所在群体中其他人的需要。不要因为自己的缘故影响到其他人的利益，而是应当主动承担自己应尽的责任和义务。

6.2.5.7 富有同情心和正义感，关心帮助他人

每个人都难免有困难，需要他人的帮助。一个不愿意帮助别人的人，很难要求别人帮助他。主动在别人需要的时候去帮助他，当他人遭到困难、挫折时，伸出援助之手，给他人出头露脸或获益的机会。时时能给别人关心、帮助和支持，才能在自己需要的时候得到他人的帮助和支持。

6.2.5.8 保持独立自主与谦虚的品质

大学生在与人交往时要有自己的主见，不要人云亦云、趋炎附势，更不要骄傲自满、目空一切，不要总是与人抬杠。无论是否有理，总要找出依据说明自己如何有理、对方如何无理，处处、事事、时时要显示自己高明、自己是胜利者。长此以往，则会很难让人容忍，埋下隔阂与不满。

6.2.5.9 保持微笑

微笑和幽默有助于增进交流、拉近距离和缓解紧张冲突的气氛。日常交往中，学会带着热情、微笑与人打招呼，让人体味到与你交往时的那种轻松与快乐，你才能成为一个社交场所受欢迎的人。巧妙地运用幽默，因为幽默是语言的调味品，它可使交谈变得生动有趣。但幽默的对象应该指向自

我，而非他人；否则，幽默不成反而易引发矛盾。

6.2.5.10 保持积极乐观的心态

这个社会是由形形色色的人组成的，性格、爱好、习惯和信仰会迥然不同，各有各的魅力。每个人都会有自己的喜恶，会有自己对人对事的看法，因此，不能用自己的标准去衡量、要求别人。需要避免在没有深入交往的情况下，单凭第一印象或断章取义的某句话就对一个人横挑鼻子竖挑眼，妄下断语或猜测。

另外，我们很容易看到一件事情或一个情形的阴暗面，但重要的是挖掘其积极面，实事求是、一分为二地看待问题，才能找到贴近现实的解决办法。如果我们在人际交往中，尽可能多地按上述原则行事，则会发现我们原来是一个颇受人欢迎的人。但需要提醒的是，现实生活中，有人喜欢我们，就会有人对我们无所谓甚至讨厌我们。这就是现实社会，我们不要期望人人都喜欢我们，因为这根本是不可能的。

Ψ6.3 心理测试

人际关系综合诊断量表

1. 量表说明

《人际关系综合诊断量表》是由北京师范大学郑日昌教授（1999：199-201）编制，一共28个问题，回答"是"的记1分，回答"否"的记0分。可以通过总计分数从总体上评述你的人际关系，也可以通过小计分数（Ⅰ题项：1、5、9、13、17、21、25的小计分数；Ⅱ题项：2、6、10、14、18、22、26的小计分数；Ⅲ题项：3、7、11、15、19、23、27的小计分数；Ⅳ题项：4、8、12、16、20、24、28的小计分数）具体指出你与朋友相处时的困扰行为，如交谈方面的困扰程度、交际方面的困扰程度、待人接物方面的困扰程度、你跟异性朋友交往的困扰程度。

以下列举10个题目供参考。

2. 心理测试题

亲爱的同学：你好！

这是一份人际关系行为困扰的诊断量表，一共有28个问题，每个问题用"是"或者"否"回答。请同学们认真答题。

题目	是	否
1. 关于自己的烦恼有口难言		
2. 和陌生人见面时感觉不自然		
3. 过分羡慕和嫉妒别人		
4. 与异性交往太少		
5. 对连续不断的会谈感到困难		
6. 在社交场合感到紧张		
7. 时常伤害别人		
8. 与异性交往感觉不自然		
9. 与一大群朋友在一起常常感到孤寂和失落		
10. 极易受窘		

Ψ6.4 心理拓展训练

1. 自我剖析

请同学们依据自己的心理测评分析结果，剖析自己的人际关系行为是否存在一定的困扰，并尽可能地进行自我分析，找出自身人际关系行为困扰的成因。

2. 小组训练

T小组训练法又叫"敏感性训练"，是美国社会心理学家勒温（Lewin）等于1946年创造的。T小组训练法的主要目的是让接受训练者学会怎样有效地交流、细心地倾听、了解自己和别人的感情。

3. 小组讨论与分享

（1）讨论一下人际关系对自身学习、生活的重要影响。

（2）在你的同学中有没有遇见人际关系不良的同学，他们有哪些特别的行为表现？应该如何去帮助这样的同学？

（3）作为大学新生应该怎样去和新同学交往，发展良好的友谊关系？谈一谈你的想法和策略。

4. 感悟与收获

请同学们写一写通过对本章内容的学习与了解，你最大的感悟是什么？你最大的收获是什么？

7 大学生的学业成就

凡事都要脚踏实地去作，不驰于空想，不骛于虚声，而惟以求真的态度作踏实的工夫。以此态度求学，则真理可明；以此态度作事，则功业可就。

——李大钊

本章主要讲述4个方面的内容：首先概述了大学的学习模式与特点，其次具体阐述了大学生学习心理的特点，再次介绍大学生常遇的学习心理问题，最后提出了大学生常遇学业问题解决策略。

Ψ7.1　心理案例

陷入迷茫的自己

一位帅气、聪明、阳光的大一男生，满怀憧憬地进入某师范学校读书。在进入大学后经过一段时间的学习，这位学生慢慢地开始旷课，刚开始一周旷2—3节课，再后来一周露面1—2次，再后来上课就很少看到他了……原来他开始放纵自己，看武侠小说、玩游戏，欲罢不能，想做什么就做什么……第一学年结束时有三门课程不及格。自己觉得对不起父母、对不起自己、更对不起关爱他的老师，这位曾经的好学生变成了大学挂科的学生，自己陷入了人生的迷茫之中……

为什么会陷入迷茫中？

第一，经过高考的千军万马挤独木桥，许多人都步入了大学的殿堂，但是大学的实际生活与自己理想中的大学生活存在很大差别；第二，有些同学为了上大学，选择了自己并不感兴趣的专业，有些人选择了自己并不喜欢的大学，产生心理落差；第三，刚刚踏入大学生活的学生，无法适应大学比较宽松的管理方式，没有找到合适的学习方法……所以，最后这些人们心目中的"高智商者"在学习上一落千丈，陷入了人生的迷茫之中，有些同学甚至被退学，等等。

Ψ7.2　心理知识

7.2.1　大学的学习模式与特点

大学是人一生中最为关键的学习阶段，是与中小学截然不同的学习阶段，是人生的一次重大转折，其变化主要体现在以下几个方面：在生活上要自理、管理上要自治、思想上要自我教育、学习上要高度自觉。尤其是在学习的内容、方法和要求方面，大学与中学相比发生了很大的变化。下面，我们就谈一谈大学的学习模式及其特点。

7.2.1.1 大学的学习模式概述

进入大学学习,就会发现,这里的学习模式与中小学的学习模式有很大的不同,具体表现在以下几个方面。

第一,大学上课的教室是不固定的。在大学,不再像中小学一样,有固定的班级教室,有固定的座位,学生可以把自己的课本和作业本放在自己的书桌里。在大学里,上课的教室是变化的,是不固定的,不同老师多数在不同的教室里上课,只有极少数的情况下,不同老师的课会安排在同一教室里。

第二,大学班级的主要管理者不再是班主任。在中小学阶段,班级的主要管理者是班主任。例如,学生学习期间,有事不能来学校学习,请假要找班主任;日常学习、生活上遇到问题大多数也是由班主任负责处理等。然而,在大学期间,班级的主要管理者不再是班主任,而是各学院的辅导员,他们是大学生日常学习、生活的管理者。例如,大学生的课堂考勤、离校请假、住宿安排等事宜均由各学院的辅导员负责。

第三,大学学习生活是全日制住宿。读大学时,不再如同中学,学生虽然住校,但是一般情况下都会每周回家一次。然而,到大学读书,意味着真正离开家住在大学校园里,大多数大学生都是一年回两次家,寒暑假各一次。这种家校间的距离感,以及回家时间的距离感常常会使新生产生想家的些许负面情绪,但是随着时间的推移、对环境的熟悉与适应、新朋友的出现等现象,慢慢会缓解这种想家的心理。

第四,大学生自身的学习、生活主要依靠自己管理自己。在大学里学习、生活要靠自己,不会再像中小学时期,学习、生活靠父母和老师的督促。大学的课余时间比较多,大部分时间都是由大学生自己把握的,所以,大学生要学会管理好、规划好自己的时间,养成良好的学习、生活习惯,管理好自己。

第五,大学的学习方法不同于中小学的学习方法。大学的学习不再是被动地听老师讲课,更多的是体现在学生自主的学习方面。大学教师的课堂教学是引导性与启发性的教学模式,大学生的学习方式是思考性的探究式学习、探讨性的小组合作式学习。

7.2.1.2 大学的学习特点概述

大学的学习不同于中小学的学习，尤其是在学习的专业性、学习的内容及学习的要求上都具有其特殊性。大学生只有了解了大学的学习特点，掌握大学的教学规律，选择适合自己的学习方法，才能很好地顺利完成大学的学业，到达自己理想的彼岸。下面谈一谈大学学习的特点。

1. 大学学习的专业性

大学学习具有明显的专业性特点。从报考大学的那刻起，选择了专业，到被录取上了大学，专业方向就已经确定了。四年大学学习的内容都是围绕着这个大方向来安排的。大学的学习是一种高层次的专业学习，这种专业性是随着社会对本专业要求的变化和发展而不断深入的，知识不断更新，知识面也越来越宽。

2. 大学学习的综合性

当今科学发展的最重要的方式就是知识的交叉和嫁接。正如日本诺贝尔化学奖得主福井谦一先生所说："知识就像植物的根，说不准在哪里会交错一起形成新的增长点。"所以，大学生在大学学习时，不要局限于狭窄的专业范围之内，除了要学好专业知识外，还应该根据自己的能力、兴趣和爱好，选修或自学其他课程，扩大自己的知识面，为毕业后更好地适应工作打下良好的基础。

3. 大学学习的高层次性

大学教育的目标是培养人的智慧行为，也就是培养人运用各种基本知识解决复杂问题的能力。所以，大学教育的专业性很强，大学教师既传授基础知识，又传授专业知识，还要介绍本专业、本行业最新的前沿知识和技术发展状况，知识的深度和广度比中学要大为扩展。

4. 大学学习的独立性与自主性

大学课堂教学往往只是提纲挈领式的，教师在课堂上只讲学习的难点、疑点和重点，以及教师心得的一部分。其余部分的学习就要由学生自己去攻读、理解和掌握。大学的学习不再像中学那样完全依赖教师的计划和安排，学生不能只是单纯地接受课堂上的教学内容，必须充分发挥学生学习的主观能动性，发挥学生自己在学习中的潜力。这种充分体现大学生自主性的学习模式，将贯穿大学学习的全过程，并反映在大学生活的各个方面。由此可见，大学学习的大部分时间是留给学生自学的。据统计，某校会计学专业四年大学学习生活约有82%的时间是由学生自己支配。所以说，如何培养和提高大学生的自主学习能力就显得尤为重要。

7.2.2 大学生学习心理的特点

探明当代大学生学习心理的特点，分析其形成的原因，找出相应的教育对策，对于调动当代大学生学习的积极性、提高学习质量，具有重要意义。

7.2.2.1 学习的一般概念

学习是人和动物在生活过程中获得个体经验，并由经验引起行为较持久的变化过程。理解这一概念要把握以下五点：第一，学习不仅指学习后所表现的结果（如会用筷子吃饭，会骑自行车等），还包括从不会到会的行为变化的过程。第二，所说的"行为"，既包括可观察的外显行为，如读书、写字，也包括像思想、观点的获得这样不能直接观察的内潜行为。第三，学习的行为变化是由经验引起的，所说的"经验"是个体在后天活动中获得的（那些由遗传、成熟或机体损伤等导致的行为变化，如吞咽、身体发育、残疾行为等，不能称为学习）。第四，学习的行为变化是比较持久的（适应、疲劳、药物等亦能引起行为变化，如运动员服用兴奋剂，成绩暂时提高，但这样的行为变化是比较短暂的，不能称为学习）。第五，所说的"行为变化"，既包括由坏向好的变化，也包括由好向坏的变化，养成好习惯与养成坏习惯，同样都是学习。

7.2.2.2 大学生学习的心理特点

大学生学习的过程是由其整体心理系统参与的过程。从心理功能的角度看，学习心理可以概括为智力因素和非智力因素两大方面。前者主要统辖学习的认知活动，后者主要调控学习的动力，两者协同作用于学习活动过程。

在此，我们着重对当代大学生学习心理的非智力因素进行初步的理论研究与阐述。

（1）学习动机。学习动机是影响大学生学习活动的重要心理因素。当代大学生具有较强的专业学习动机，渴望日后有所作为，做出成就，能够有较好的收入，生活富裕、幸福，孝敬双亲，或是外出旅游，或是能够做自己想做的事情。这是一种积极的学习动机，应当充分予以肯定。但是，只有少数同学认识到上大学是为了振兴祖国，这说明多数大学生缺乏应有的社会责任感。缺乏社会责任感的事业心，只能算是一种个人事业心。上大学仅仅是为了自己成就一番事业，而想不到与振兴祖国相联系，思想境界就比较狭隘，学习动力就受到了限制。

（2）厌学心理。据调查，大学生对自己学习的努力程度如何评价的结果显示，回答"非常努力"者占8.6%；"比较努力"占45.6%；"不太努力"占41.0%；"很不努力"占4.8%。从总体上看，努力学习与不努力学习接近于各占一半，这是当代大学生求知欲望与厌学心理并存的反映。究其原因，多数学生的回答是所学专业并非自己所爱，之所以来这里读书或是父母帮忙填的志愿非自己所愿，或是自己被调剂过来的。还有一种原因就是，受高中老师言语教导的影响，高中老师常常教导说："高中好好努力学习，考上大学你们就自由了，轻松了。"所以，很多学生进入大学就开始放松自己，逛街、看连续剧、玩游戏等，甚至出现旷课、厌学现象。

（3）考试焦虑心理。重视考试分数是当代大学生的普遍心理。教育实践经验表明，大学生勤学苦读当然主要是为了获得真才实学，但争取高分的心理也是不可否认的。因为分数既关系到能否获得学位，也关系到能否获得奖学金，而且影响毕业去向，所以大学生普遍重视考试分数。但是，部分大学生过于重视考试的结果，即考试得分，使得学生在考试前处于高度紧张的心理状态，产生考试焦虑心理。

（4）考试作弊心理。大学生期末考试作弊心理比较普遍存在，从浙江一课题组（顾思九等，1995）的调查结果可以得到印证：其中有一道选择题，"就你所知，你班有多少人考试作弊过"，选择"大部分"占24.7%，"一半左右"占27.0%，"少数人"占36.7%，"几乎没人"占11.6%。即使充分考虑这种调查的非理性成分，它也足以使我们意识到大学生考试作弊问题的严重性。试想，如果大学生平时不能够刻苦努力学习，不能够严肃面对考试，靠作弊过关，那么，我们大学的考试结果就不能真正反映出学生的学习水平，如同虚设。由此可见，大学生考试作弊心理值得我们深思。

（5）学习功利心理。随着我国市场经济的利益杠杆对大学生学习产生直接影响，大学生对于学习表现出空前的功利心理。目前，大学生的学习心理取向于"对我有用吗"，于是，学生充分了解到就业市场对各种证书的青睐，因而放弃了专业课的学习去追逐各种有用的证书。从而出现了专业课、基础课"门前冷落鞍马稀"，而技能类课程如计算机、外语等各种各样的"考证热"的现象，这正是学习功利心理的直接表现。

7.2.3 大学生常遇的学习心理问题

步入大学学习的学生常常会遇到诸如学习压力大、学习动力不足、学习目标不明确、学习成绩不理想、学习困难等学业问题的困扰。下面，我们就谈一谈大学生常遇的学习心理问题。

7.2.3.1 学习压力大

刚刚进入大学的新生不熟悉大学的学习环境、学习方法，从而导致他们沿用中学的学习方法，虽然很努力学习，但是学习效果却达不到理想的目标，再加上受到新环境、新的人际关系及大学的各种要求和规定等因素的影响，一些人感到学习压力大，甚至产生压抑心理。一位学生讲道："虽然学习上很尽力，上大学就是为了求学，而学习成绩总是不理想，因而感到很自卑，也十分压抑。"

7.2.3.2 学习动力不足

作者调查结果表明：有69.6%的新生和54.0%的老生感到"学习难度加大，非常困难"；在座谈中问到学生为什么学习时，学生淡淡地说："为学习而学习。"一位大二学生也写道："学习始终不能进入状态，总感到是在巨大的考试压力下被动地学，而静下来想为什么学时，会感到很苦恼。"特别是大一学生，认为"学习负担重，难以应付"的占70.4%。

7.2.3.3 学习目标不明确

当问及大学生学习的目标时,却不能得到令人满意的答案。很多同学为了应付不得不参加的考试、不能不做的事而学习。有的学生甚至直截了当地回答:为了能够考试过关,至于为什么学,心中从来没有认真思考过,走一步算一步。一位学生这样写道:"在中学时代,各方面表现都很出色,进入大学后,沿着中学的惯性学习,尽管成绩还算理想,但学习虽然努力却常常感到心力交瘁,学而无所获。"更多的学生是懒得"精益求精,但求蒙混过关"。面对人才市场的巨大压力,很多学生也感到内心的危机感,但真正要努力学习,却提不起精神来,均因为学生心里没有树立明确的学习目标。

7.2.3.4 学习成绩不理想

虽然在大学生群体中学习困难的学生占的比例并不大,但是,学生因为学习成绩不理想,而考试挂科的现象比比皆是,更有甚者因挂科而不能顺利毕业。究其原因,有的学生上课注意力无法集中,有的同学上课玩手机,有的学生不适应大学生活等。如一位大学生自述:"小学、中学都是尖子学生,到大学后一下子变为普通学生,个人约束力又差,自制力弱,大学期间较为放任,因而学习差了。"调查结果显示,有42%的学生经历过考试失败,而某高校一个30人的大四工科班级成绩,在7个学期中,有63门次不及格,人均2.1门次。由此可见,大学生考试挂科现象不能不重视。

7.2.4 大学生常遇学业问题解决策略

针对大学生在学习的过程中常遇到的一些学业问题,我们提出以下解决策略。

7.2.4.1 转变学习态度

中学时期,学生的学习常常是按照老师和家长的要求被动地学习,上大学后,就要求大学生从被动学习转向主动学习,把"要我学"转变为"我要学",从根本上转变自己的学习态度,成为自己学习的主人。学会积极地制订自己的学习计划、管理好自己的学习时间、规划好自己的学业和未来的职业，并确立自己奋斗的人生目标。

7.2.4.2 培养自学能力

培养自学能力，是适应大学学习自主性特点的一个重要方面，每个大学生都要养成自学的习惯。进了大学以后，老师只会充当引路人的角色，学生必须自主地学习、探索和实践。正如钱伟长教授所说："一个人在大学四年里，能不能养成自学的习惯，学会自学的本领，不但在很大程度上决定了他能否学好大学的课程，把知识真正学通、学活，而且影响到大学毕业以后，能否不断地吸收新的知识，进行创造性的工作，为国家作出更大的贡献。尤其是现在，知识发展得很快……三年左右的时间，人类的知识量就会翻一倍。"（钱伟长，1987）不会自学或未能养成自学的习惯，不会更新知识是不行的。走上工作岗位后，自学能力就显得更为重要了。在这知识更新越来越快的社会，学会如何学习有时会比知识本身更重要。

7.2.4.3 选择合适的学习方法

在学习方法的选择上，大学生更应发挥自主性。一般来说，大学生的学习活动主要有四种：按教育大纲规定的课堂学习活动，课后巩固知识的自学活动，独立钻研的拓展性学习活动，相互讨论、相互启发的小组学习活动。在各种不同的大学学习活动中，都要发挥大学生学习的自主性，根据自己的学习目标和专业要求，选择适合自己的最有效的学习方法，去理解和消化所学的知识，而不再是去死记硬背老师所讲的内容。例如，当我们在一门课中发现了自己感兴趣的课题，就应当积极去图书馆查阅相关书籍文献，或者借助搜索引擎在互联网上查找各类信息，了解这个课题的来龙去脉和目前的研究动态。总之，选择好适合自己的学习方法，你将受益终身。

7.2.4.4 掌握大学老师授课的特点

在大学要想把学习学好，首先要掌握大学老师授课的特点。一般来说，大学老师授课有以下特点：一是介绍思路多，详细讲解少，主要讲授重点、难点内容，而且许多老师都使用多媒体授课，授课进度比较快，一节课可能要讲授一章或几章的内容；二是抽象理论多，直观内容少；三是参考书目多，课外习题少。针对这样的变化，新生必须尽快掌握科学的学习方法：首先，要做到主动预习；其次，要认真听课，不逃课不打瞌睡，并记录老师上课时所传授的知识，突出难点、重点，做好课堂笔记；再次，要及时完成作业；最后，每隔一段时间还要进行一次综合复习，加深理解和系统记忆。

7.2.4.5 确立明确的学习目标

每一位新入学的大学生都是心怀憧憬，带着父母的期待准备好好地学习专业课程，将来成为有用的国家栋梁之材，回报父母的养育之恩、老师的教育之恩，为祖国的建设尽一份自己的微薄之力。可是，有的学生学着学着就失去了刚刚入学时的雄心壮志，开始变得懒散、迷恋游戏，没有了学习的兴趣。究其原因，就是没有一个学习目标，于是便失去了奋斗的动力和方向。

也就是说，一个人如果没有一个明确的学习目标，就如同一片漂泊在海面上的树叶，随波逐流，飘到哪算哪，没有任何的生气与人生方向，失去了前进的动力。所以，对于大学生而言，从入学的第一天起，就应当对大学四年的学习有一个正确的认识和规划，确定自己的学习目标，制订难易适度、符合自身条件和发展的学习计划。使自己成为未来学习的主人，积极地管理好自己的时间、规划好自己的学业和未来的职业，确立自己奋斗的人生目标。

总之，大学新生要尽快适应大学的学习生活，把在校每天要做的事情安排好，做好学习计划，掌握科学的学习方法和适合自己的有效记忆方法，提高课堂听课和学习的效率，科学合理地组织复习，把自己的学业做好，并顺利完成。

Ψ7.3 心理测试

心理测试一 大学生学习适应量表

1. 量表说明

《大学生学习适应量表》（申继亮和陈英和，2014：221-227）是测量大学生学习适应状况的策略工具，它包含学习动机、学习态度、学习能力、教学模式、环境因素5个维度。其中，学习动机维度有8个题项，学习态度维度有5个题项，学习能力维度有6个题项，教学模式维度有5个题项，环境因素维度有5个题项，共29个题项。该量表具有良好的信度和效度，可以作为测量我国大学生学习适应状况的有效工具。

以下列举10个题目供参考。

2. 心理测试题

亲爱的同学：

你好！下面是关于学习心理的一份无记名调查问卷，请仔细阅读题项后，按题项的描述与你的实际情况的符合程度，在相应的空格中打"√"。其中1代表"完全不符合"，2代表"较不符合"，3代表"不确定"，4代表"较符合"，5代表"完全符合"。答案无对错之分，请不要有任何顾虑。

题目	学习适应				
	1	2	3	4	5
1. 上大学后，我明显变懒了					
2. 上大学后，我的学习目标更加明确了					
3. 我觉得失去了学习目标					
4. 我感到自己在知识上的不足，因而更加努力地学习					
5. 我感觉我适应大学的学习					
6. 我有自己的学习方法和计划，并能付诸实践					
7. 我的学习很有效					
8. 我不会安排时间，学习无急迫感					
9. 何必太认真呢！睁只眼，闭只眼，你就适应了					
10. 要不是为了学分、毕业证，我早就不学了					

心理测试二　大学生学习策略调查问卷

1. 量表说明

《大学生学习策略调查问卷》（申继亮和陈英和，2014：213-220）由4个维度构成，包含认知策略、元认知策略、情感策略和资源管理策略。其中，认知策略维度有11个题项，元认知策略维度有18个题项，情感策略维度有13

个题项，资源管理策略维度有7个题项，共49个题项。全部以陈述句形式出现。评定分为5个等级。每个题项上的分数越低，表明你在这个学习策略上的水平越高。

实施或使用方法：使用纸笔测验，对象为大学生，班级团体施测，时间约为20分钟。

以下列举10个题目供参考。

2. 心理测试题

同学们：你们好！

本次调查是想了解你的学习策略使用方面的一些情况，请你按照自己在学习过程中的实际做法来回答。答案无对错之分，请不要有顾虑。请仔细阅读以下各题，在给出的5种答案中进行选择，并在题项后相应的空格中打"√"，5种答案如下：

1. 完全是这样或总是如此　　2. 经常这样或多数情况如此
3. 有时这样或有时不这样　　4. 很少这样或偶尔如此
5. 不是这样或从不如此

题目	学习策略使用情况				
	1	2	3	4	5
1. 上课专心听讲					
2. 有较强的求知欲					
3. 制订适当的学习目标					
4. 课前对要学的新内容有所预习					
5. 课后及时复习当天学过的知识内容，巩固所学知识					
6. 学习新概念时，常把学过的相关知识和观念联系起来对照比较和分析					
7. 复习学过的内容时，常按自己掌握的水平分成主要与次要，把握要点					
8. 经常把所学的知识归纳出纲要，以帮助记忆					
9. 平时会有计划地对学过的课程内容进行复习和练习					
10. 复习时，喜欢按个人的实际情况制订有效的复习计划					

心理测试三 考试焦虑自评量表

1. 量表说明

《考试焦虑自评量表》用以测试大学生考试焦虑的严重程度。该量表由美国华盛顿大学心理系的著名临床心理学家欧文·G. 萨拉森（Irwin G. Sarason）教授于1978年编制完成，是目前国际上广泛使用的最著名的考试焦虑量表之一。该量表具有良好的重测信度和预测效度。

统计所选的各个字母的次数，每选一个A得3分，选B得2分，选C得1分，选D得0分。用下列公式算出得的总分。总分=3×选A的次数＋2×选B的次数＋1×选C的次数。根据总分就可以推断出大学生的考试焦虑程度（王才康，2001）。

以下列举10个题目供参考。

2. 心理测试题

亲爱的同学：你好！

下面的测验旨在对考试焦虑心理做评价。测验共33道题，每题有4个备选答案，根据自己的实际情况，在题后相应字母的空格中打"√"，每题只能选一个答案，其相应字母的意义是：

A. 很符合自己的情况　　　B. 比较符合自己的情况
C. 较不符合自己的情况　　D. 很不符合自己的情况

题目	考试焦虑情况			
	A	B	C	D
1. 在重要的考试前几天，我就坐立不安了				
2. 临近考试时，我就拉肚子了				
3. 一想到考试即将来临，身体就会发僵				
4. 考试前，我总感到苦恼				
5. 考试前，我感到烦躁，脾气变坏				
6. 紧张的温课期间，常会想："这次考试要是得到个坏分数怎么办？"				
7. 越临近考试，我的注意力越难集中				
8. 想到马上就要考试了，参加任何文娱活动都感到没劲				
9. 在考试前，我总预感到这次考试将要考砸				
10. 在考试前，我常做关于考试的梦				

Ψ7.4　心理拓展训练

1. 自我剖析

请同学们依据自己的心理测评分析结果，了解一下自己对大学学习的适应情况，分析一下自己在哪些方面适应较好，在哪些方面还存在不足。

2. 小组讨论与分享

（1）讨论一下大学学习与中学学习有何异同。

（2）在进入大学学习后，遇到了哪些问题？这些学习问题产生的原因是什么？

（3）作为大学新生应该怎样去适应大学的学习生活，才能够有效地进行学习？谈一谈你的想法和策略。

3. 感悟与收获

请同学们写一写通过对本章内容的学习与了解，你最大的感悟是什么？你最大的收获是什么？

大学生心理危机干预与预防

长期的精神健康可以通过了解受试者在面临环境危机时，习惯使用的自我防御类型来预测；而良好的应付方式有助于缓解精神紧张，帮助个体最终成功地解决问题，从而起到平衡心理和保护精神健康的作用。

——美国著名精神病学家乔治·范伦特（George Vaillant）

> **本**章主要讲述大学生心理危机的界定，大学生心理危机产生的诱因，大学生心理危机的特点与类型，大学生心理危机的诊断、干预和预防。

Ψ8.1　心理案例

失恋的女孩

来访者自述

我是一名大学三年级的学生（女生），和前男友相恋两年分手了，心里非常痛苦，难以自拔。我原以为这段感情会天长地久，结局却让我失望。我一心想寄托终生的爱情，收获的不再是我最初的期望，而是生命中复杂的现实。原来理想与现实总是分两头走。想到过去两个人在一起的日子，有很多幸福和快乐。我经常想，是不是自己不够优秀，所以前男友不要我了。分手后，我的情绪一直很低落，很抑郁，也一直在想虽然爱曾给我们带来了一些快乐，但痛苦的日子却更多，到底什么是爱情，是我们不懂得经营爱情，还是我们都对爱情期望太高了，或者是我把爱情想得太简单了？

干预措施

处于青年期的大学生的心理发展课题就是亲密感对孤独感，包括具有爱的能力，能与他人建立起亲密关系。其中一种亲密关系就是爱情关系。而失恋是大学生容易遇到的应激事件，由失恋引发的种种心理问题也是高校心理危机干预工作的常见内容之一。

本案例中的来访者，在情绪情感方面表现出强烈的愤怒、痛苦情绪，但此情绪还在可控范围内，且未出现自我伤害和伤害别人的倾向。在认知方面，思维过程表现出一定的认知狭窄，这确实是由现实情况引起，且对事件的知觉切合实际，能够理解目前情况与刺激压力之间的关系。在行为反应方面，目前不能专心学习，对人际交往采取回避态度，有失眠现象但行为反应总体正常。因此，来访者被评估为心理危机状态，可通过个体咨询进行干预。在此案例的干预过程中，咨询处理主要有以下两个阶段。

（1）允许失恋所带来的各种负向情绪，宣泄情绪，理性分析目前处境。在咨询师所提供的安全、温暖的环境中，来访者将心中的委屈、不解和不甘心尽情发泄出来。在其情绪稳定之后，咨询师与其共同分析其目前状态的成因。共同探讨后发现，来访者自小处理问题的模式是只能赢不能输，而失恋其实是她情感失败的象征，这对她来说是一种极大的否定，因无法容忍这种失败，也无法忍受这种否定，所以产生强烈的愤怒情绪。明白这点之后，其情绪相较之前更为可控，且开始自行分析形成目前这个状态的其他可能原因。情绪主导思维的状态变成能够理性思考的状态。

（2）寻找适合来访者的正向转移途径，帮助其将注意力从危机环境中转换出来，减轻心理压力。失恋的心理本质是失去了自我价值和自信，或自尊心受到伤害，所以在处理完失落、悲伤情绪后，要学会理性认识自己，找到自己的成长点与完善点。咨询师在此阶段帮助来访者寻找失恋所带来的成长意义，同时，引导其发现自身的价值。学习自我肯定的过程中，咨询师发现来访者其实是个很优秀的孩子，很多方面表现非常出色，但自小以来的思维习惯使她只注意到自己的失败、错误，在咨询师的鼓励下，来访者尝试拓展自己的社交圈，通过参加各种校级活动很好地转移失恋的注意力，并在活动中逐渐意识到了自己的优势。

干预结果

经过前两个阶段的咨询，来访者状态已经相当稳定，现在自己有能力主导生活，这也让她从中获得很大的自信。另外在业余活动和学习中收获良多，也和周围同学恢复正常关系。

Ψ8.2　心理知识

8.2.1　大学生心理危机的界定

2011年，教育部印发的《普通高等学校学生心理健康教育工作基本建设标准（试行）》（教思政厅〔2011〕1号）表示："高校应围绕心理健康教育和咨询机构的规范管理、心理危机预防与干预、心理咨询工作流程、心理健康教育课程教学、心理健康教育从业者职业道德规范等内容，建立健全各项规章制度。"这是教育部首次在正式文件中提出心理危机预防与干预的概念，针对高等学校学生心理健康教育制定专门文件，其心理危机的概念专指大学生的心理危机。由此可见,大学生的心理危机预防与干预已经成为各高校心理健康教育的重点。

8.2.1.1 什么是"危机"

事实上,人的一生就是一连串的危机。有些危机在事前可以预测,有些则完全出乎意料,有些危机是渐进发生的,有些则是突发的。也就是说,要生活得蓬勃有生气,就意味着我们得不断地去解决问题。遇见一个崭新的局面时,我们必须使用自己已有的个人资源寻找新的方法去处理问题。所以,我们必须对"危机"这个名词的意义,有更深的了解。

韦氏字典给危机下的定义是:"①一个重要的时刻;②任何一件事的转折点。"危机通常使人一时失去应付的能力,而当一个人有效地应付危机时,他就能恢复原有的应对能力。

中文的"危机"是由两个字组成,"危"字,含有"危险境地"的意思,另一个"机"字则是另有一个机会。例如,当医生们在讨论一个危机时,是表示在那一刻病情可能好转,也可能严重。即"危机"不一定都是不好的,说得明确一点,它代表人们生活中一个非常重要的时刻。因此危机可能给人带来危险,也可能带来机会。在人们寻求解决方法时,他们可以选择破坏性的途径,也可能找出又新又好的方式去面对困难。

8.2.1.2 什么是心理危机

"心理危机"这一概念的最早提出者是美国的著名心理学家卡普兰(G. Caplan)。卡普兰认为,心理危机是指当个体在面临突发或重大生活事件(如亲人死亡、婚姻破裂或天灾人祸)时所出现的心理失衡状态,即心理危机。在日常生活中,每个人都在努力保持一种内心的稳定状态,使自身与环境之间保持稳定协调。但是,当重大问题和剧烈变化使个体感到问题难以解决时,这个平衡就会被打破,使正常的生活受到干扰,内心的紧张不断积累,继而个体出现无所适从,甚至思维和行为紊乱的现象。当人们由于突发事件失去平衡、一个人又不能控制情况时,进入一种心理失衡的状态,心理危机就会发生。

当个体出现心理危机时有四个显著的心理特征:一是有压力的症状,有心理的、生理的，或者两者都有的症状，如沮丧、头痛、焦虑等；二是极不舒服的感觉，有痛苦或被打败的感觉；三是注意力集中在如何减轻或解除痛苦上；四是低效率的时期，有时候人们在危机中仍然能够正常工作，可是反应效率已经不能达到百分之百，大概只能维持60%，因为一个人对自身压力的评估越高，那么他应付的能力就相对越低。

导致心理危机发生，影响情况恶化的四个平衡因素是：第一个平衡因素是正确的理解，也就是对事情的看法及这件事对人的意义如何；第二个平衡因素是足够的联络网，这可能是一群朋友、一些亲戚，或者是有关机构，能在人们遇到危机时给予帮助和支持；第三个平衡因素是人们所依赖的应对系统，在人不能有正常反应或反应系统崩溃时就会出现心理危机，这些系统包括合理化、否定、从书本中寻找有关的新资料等，越是拥有不同应对方式的人就越容易避开危机；第四个平衡因素是有限的时间，人们不能处于一个无限期的危机中，所以必须尽快找出解决的方法，并且采取行动，最好在6个星期内使危机过去，回到平衡点上。

由此可见，心理危机是个体无法用现有的资源和惯常应对机制加以处理突发的事件和遭遇时，所出现的心理失衡状态。心理危机有两层含义：一是指突发事件，出乎人们意料发生的，如地震、水灾、空难、疾病暴发、亲人丧生、恐怖袭击、战争等；二是指个体所处的紧急状态，个体不能控制情况，进入一种心理失衡的状态。

8.2.1.3 大学生心理危机的概念

到目前为止，有关大学生心理危机的概念没有一个统一的说法，比较有代表性的有以下几种。邵昌玉（2009）在《大学生心理危机及干预机制的探究》一文中提出："大学生心理危机主要是指高校学生运用寻常应付方式不能处理，由于无法克服心理冲突或外部刺激而对所遇到的内外部应激事件所发生的一种反应。"高留才（2010）在《大学生心理危机的成因及其防治策略》一文中表明："所谓大学生心理危机，是指当大学生受到一些突发事件的刺激，或面临巨大困难一时难以克服时而手足无措，或面对的困难情境超过了他解决此类问题的能力时而产生暂时的心理困惑，这种由突发性而演变成的长期心理失衡状态就是心理危机。"大学生心理危机应该是危机的一种，然而邵昌玉的概念与"危机"的本意不尽一致，需要进一步斟酌；高留才的概念中将大学生心理危机等同于心理危机，不尽科学。根据前述心理危机的概念，姜土生和邓卓明（2013）在《大学生心理危机类型分析》一文中认为："大学生心理危机是指大学生个体或群体的心理能力不足以面对困难情境时产生的，可能对自身、他人或社会造成严重危害的短暂紧急性心理失衡状态。"大学生心理危机的界定突出了如下几层含义："（1）心理危机的主体是大学生，与干部、军人、农民等主体相区别，大学生心理危机主体不仅是个体还可能是群体；（2）心理能力的不足和遭遇困难情境是大学生心理危机产生的原因；（3）大学生心理危机不能得到有效干预会对自身、他人或社会造成危害；（4）大学生心理危机是危险的紧急关头；（5）大学生心理危机表现为心理失衡的状态。"

综上所述，本书认为大学生心理危机是指，大学生个体或群体在运用寻常方式不能处理心理冲突或外部刺激时，而发生的一系列可能对大学生自身、他人或社会造成严重危害的紧急性心理失衡状态。心理危机发生后，如果得不到及时有效的帮助和支持，通过调动其自身的潜能重新建立和恢复其危机发生前的心理水平，则可能导致精神崩溃，甚至产生自杀或攻击他人的不良后果。

8.2.2 大学生心理危机产生的诱因

近年来，大学生心理危机时有发生，甚至出现自杀和违法犯罪等恶性事件。大学生心理危机问题已经开始引起全社会的广泛关注，尤其是我们这些专门从事心理研究的学者，开始认真思考一个问题：引发大学生产生心理危机的诱因是什么？通过文献研究发现，引发大学生心理危机的诱因很多，蔺桂瑞教授将其归纳为8个方面（蔺桂瑞，2016）。第一，学生家庭父母关系不合，离异，造成学生的心理创伤。第二，社会就业竞争激烈。第三，不适应大学生活环境。同一宿舍的学生都是独生子女，各有各的个性不能相互容纳，由此产生矛盾与冲突，日积月累，却又不敢表达。由于这些原因造成大学生的心理问题最多。第四，不适应大学学习环境。某些学生上高中时，考大学的目标非常明确，上大学后，突然失去了目标，心中茫然，有一种失落感。第五，恋爱与失恋问题。第六，性行为问题。一类学生是过于封闭自我，导致性压抑；另一类学生是过于开放，随便发生性关系，之后又非常后悔自责。第七，就业观念滞后，就业期望值过高。我们国家过去高校招生规模偏小，能上大学的可以说是佼佼者。现在大学扩招，教育已趋向普及化，大家都有受教育的机会。可是一些学生和家长的观念却没有转变，非要找一个理想工作不可，求职期望值非常高，与现实不符。这样就给学生造成极大的心理压力。第八，社会贫富差距越来越大。有的学生家里经济条件比较好，穿名牌衣服，过生日请同学吃饭，互相攀比，这些都有可能对那些贫困生的心理造成很大的压力。

在相关文献研究的基础上，作者针对大学一年级新生的心理危机诱因进行了实证研究，结果发现引发大学新生心理危机的主要诱因有以下7种。

第一，不适应大学的生活环境。对于大学新生来说，他们离开了自己熟悉的生活环境，来到了一个全新的陌生的生活环境，需要调适原有的生活习惯，去适应新的生活环境。尤其是南北方的气候差异，如南方的夏天很热，蚊虫多，冬天潮湿阴冷等，都可能造成大学新生的环境适应心理问题。

第二，饮食不习惯的问题。在给大学新生上课时，常常听到同学们谈论自己不习惯吃当地的饭菜。究其原因，是南北方的饮食习惯差异造成，北方的学生口味偏重，而南方的学生口味偏淡等。千里迢迢来到南方求学的北方学生，尤其是爱吃辣的、口味重的学生更是觉得学校的饭菜淡而无味，根本就吃不下，没有胃口去吃，甚至使得少数学生产生了"无法忍受"的心理。

第三，宿舍的人际关系问题。由于同一宿舍的学生来自不同的家庭，其生活习惯、性格特征等存在差异。譬如，有的学生喜欢整洁，而有的学生邋里邋遢；有的学生好安静，而有的学生好热闹；有的学生喜欢早睡早起的规律生活，而有的学生喜欢熬夜自然醒的自由生活等。这些都是导致宿舍人际关系冲突进而引发大学新生心理危机的主要原因。

第四，现实与理想校园冲突。刚刚迈入大学校园的这些新生，由于经历了高三"万人过独木桥"的激烈、紧张的学习竞争，再加上高中老师的话——现在好好努力学习，考上大学就轻松了。所以，他们如同放飞的小鸟，心理预期一个"轻松美丽且浪漫的大学生活"。然而，进入大学一看，发现现实中的大学与梦想中预期的大学相差甚远。于是，就产生了心理落差，严重者甚至出现了后悔、退学重读等负面的想法。

第五，学习上的不适应问题。学生在大学的学习，不再像中小学学习时那样，有非常明确的升学目标，身边也有师长的陪伴与监督等。在大学更多的是需要他们自己确立人生航向，结合自身实际能力制订学习计划，以强大的意志力管理好自己完成这段大学旅程，为将来的美好人生打下良好的基础。如果做不到，学生就会表现出对大学学习的不适应，如厌学、旷课、挂科等不良学习现象，甚至出现压抑、抑郁等不良情绪，导致无法正常学习而休学或退学等。

第六，经济压力问题。进入大学的学生由于家庭经济能力水平存在差异，有的学生月生活费仅几百块，而有的学生月生活费几千块还觉得不够。又因为现代科技的高速发展，尤其是网络支付几乎取代现金交易，大学不断推出网络教学课程，要求学生线上学习等。所以，对于高校的大学生来说，手机和计算机已经成为大学生的生活与学习的必需品，再加上大学生的日常学习和生活消费等，使得原本家庭不富裕的大学新生产生了经济上的心理压力。

第七，自我意识问题。大部分大学新生在刚进入大学时，就表现出对人生的迷茫。例如，"我是谁""我要到哪里去""我怎么去"等问题，都困扰着他们。大学新生正好处于自我角色统合的关键期，他们需要建立起基本的社会及职业认同，否则，其在将来对该扮演何种角色会出现疑惑。尤其是大学生的自我意识，它是包含认知、情感、意志等心理过程的多维度、多层次的复杂心理系统，一般都要经历从幼稚到成熟的发展过程，形成正确的自我意识是成熟的标志，它有助于大学生的自我提升、自我完善和自我超越。然而，在现实中，很多大一的新生因为不能够正确地认识自我，而陷入了各种困扰之中。例如，有的学生原来是高中班里的尖子生，可是到大学后，却只是班里的一名普通学生，不再是老师眼里的"好学生"了，会因此感到失落；进入大学的女生们也开始更多地关注自己的外貌了，会因为身材太矮了、太胖了、太黑了或是眼睛太小了等而变得自卑；还有的同学因为自己的普通话不标准，方言口音重，怕同学们笑话自己，而变得不敢与同学们多交流，等等。这些学生都需要重新正确认识自我，调整自己心态，走出困扰，否则将造成心理困扰，出现心理危机。

8.2.3 大学生心理危机的特点

通过文献研究发现当前对大学生心理危机特点进行的相关研究有：①卓高生和吴志敏（2009）认为"危机具有复杂性，突发性，紧急性，痛苦性，无助性，危害性等特征"。②肖三蓉等（2011）认为"大学生心理危机具有突发性，应激性，痛苦性，危险性，机遇性，时限性等特点"。③陈春莲（2011）认为"大学生心理危机的主要特点有，发展性，交互性，易发性，潜在性等"。④姜土生和邓卓明（2013）认为大学生心理危机的特点是"发展性与存在性并存，潜在性与突发性并存，危害性与机遇性并存"。⑤江春生（2012：200-201）认为大学生心理危机的特点是"具有普遍存在性，具有时代特征，症状复杂，具有不确定性，缺乏迅速的解决方法，处于危机中的个体防御机制削弱，危险与机遇并存，成长和改变的动力"。

在前人研究的基础上，结合本书的实践研究结果，本书认为大学生的心理危机具有以下5个方面的鲜明特点。

第一，发展性。大学生许多心理危机具有发展性的特征，他们面对许多成长过程中必须解决的发展性矛盾与冲突，这些矛盾与冲突既是大学生心智发展的外部动力，也是潜在的应激源。如果这些矛盾与冲突能够得到及时干预，便可帮助他们安全渡过危机，会使他们从中获得宝贵的经验促进心智的发展。

第二，易发性。大学生正处在走向成熟的过渡阶段上，生理方面的成熟与心理方面的未成熟，导致他们在处理问题时较缺乏社会经验和能力；除此之外，大学生的人生阅历较少，受挫心理较弱，遇事的心理承受能力较低，却喜欢新鲜事物、爱冒险、愿挑战等。这种反差的存在，使得心理危机在他们身上十分容易表现乃至爆发。

第三，危害性。如果大学生的心理危机没有得到及时干预，将会给大学生自身、他人或社会造成极大的伤害，甚至是失去年轻宝贵的生命。近年来，高校自杀学生人数不断增加，从另一角度佐证了大学生心理危机的危害性。

第四，痛苦性。当大学生遭遇困难情境时，由于他们运用寻常方式不能处理心理冲突或外部刺激，其心理发生了严重的失衡。此时，他们的心里充满了焦虑、孤独、无助、迷茫、空虚、自卑等负面情绪，常常是陷于深度的痛苦之中而难以自拔。

第五，紧急性。大学生一旦出现心理危机，就会迅速给学生自身、他人或社会带来伤害及危害。所以，对于大学生的心理危机要在第一时间抓住时机，进行有效干预，避免危害的造成及人生悲剧的发生。

8.2.4 大学生心理危机的类型

到目前为止，关于大学生心理危机类型尚没有统一的划分，不同学者对大学生心理危机进行分类的标准、角度存在着不同，对大学生心理危机类型的划分也不尽相同。下面，本书介绍几种常见的，具有代表性的心理危机类型划分的方法。心理学家布拉默（Brammer）对心理危机作出分类，将其分为3种形式：发展性危机、境遇性危机和存在性危机。鲍德温（Baldwin）依据心理病态程度从弱到强将心理危机分为：倾向性危机、过渡期危机、创伤性危机、发展性危机、精神病理性危机、精神科急症6种类型。我国学者段鑫星和程婧（2006：13）倾向于把心理危机分为发展性危机、境遇性危机、存在性危机、障碍性危机。马坤（2009）在对大学生心理危机进行分类时，借鉴布拉默关于心理危机的3种分类法，也把心理危机分为3类：发展型危机、境遇型危机、现实存在型危机。这些分类方法是心理危机的基础性分类，是较为常见的分类方法，对我国心理危机研究产生了较大影响。同时，这几种分类也体现了较强的心理学学科属性，无论是对概念的把握，还是对实践的指导都具有较强的心理学学科基础。

此外，大学生心理危机可以分为发展性和意外性两类。发展性心理危机是可以预料的，如生命周期中不同发展阶段所遇到的重大问题，其特征是情绪的剧烈变化，导致个人心理失衡，如青春期的心理危机；意外性危机是突如其来的，无法预料的，如受到恐吓、自然灾害、躯体重大疾病等。段鑫星和程婧（2006：13）认为："大学生这样一个特定的群体所经历的多是发展性危机，如失恋、学业失败、性困惑等引起的危机。"

借鉴国内外的相关文献资料，以及作者对大学一年级新生的心理危机诱因的实践研究，本书将大学新生心理危机分为以下5种类型：适应型心理危机、人际交往型心理危机、学习型心理危机、经济型心理危机和境遇型心理危机。

8.2.4.1 适应型心理危机

适应型心理危机主要是指大学一年级新生来到一个新的生活环境所表现出的不适应现象,因为自身无法适当调适而造成的心理失衡状态。对于刚进入大学的学生来说,面临的首要问题就是适应大学的生活环境,包括地理气候环境和人文饮食环境。环境适应得不好,容易引起个体身体、心理等问题,由此而知,环境适应差是引发大学一年级新生心理危机的主要原因之一。所以,各高校应高度关注大学新生在入学初期的心理适应问题,并及时处理和缓解相关大学新生的各种适应型心理危机。

8.2.4.2 人际交往型心理危机

迈进大学校园的大学新生,正处于第二次"断乳期",离开父母的关爱,独自来到一个陌生的全新环境求学。如何与这些新同学相处,如何交到知心朋友等是他们急于要解决的问题,也是这个年龄段大学生的一个非常突出的心理需要——交友。当他们顺利地融入了自己的班级或是宿舍,拥有了自己的知心朋友时,他们便产生了归属感,获得了愉悦的心情、积极进取的生活态度。否则,他们便游离于班级同学、宿舍舍友之外,独来独往,内心充满了孤独感,从而产生心理危机。

8.2.4.3 学习型心理危机

大学的学习与初高中的学习存在很大的不同,从而引发大一新生一系列的学习问题:①走错教室。中学时学生上课的教室一般是不变的,可谓是"教师动,学生不动"的授课模式,而大学学习的教室是非固定的,要根据课表上安排的教室去上课。所以,第一周上课时,经常会出现大一新生走错教室的现象。②跟不上老师的授课节奏。大学老师的授课方式、授课内容等都有别于中学时代,有时候一章内容一节课就讲完了,有些内容是要学生自己通过查文献资料独立完成,等等,有的大一新生就觉得跟不上。③学习方法不当。进入大学,很多大学生的学习策略使用不当,导致虽然学习很用功,学习效果却不佳。④自律水平低。由于大学的管理与中学的管理有较大区别,需要学生有较强的自我管理能力。这些大一新生在进入大学期间自立能力较差，出现旷课或学习散漫等现象。所以，对于这些刚进入大学的学生来说，面临的首要问题就是要完成由中学生向大学生的角色转换，适应大学的学习环境。如若不能尽快调适自己适应大学的学习环境，将会出现学习上的困难，产生学习型心理危机。

8.2.4.4　经济型心理危机

大学新生遇到的经济问题主要体现在以下三个方面：①经济上"独立与依赖"的矛盾与冲突。大学生的日常开销由自己决定用在哪里，消费多少，这是独立的一面；经济来源于父母，父母按时定额提供生活费，这是依赖的一面。有的学生一不小心，没有计划好，结果提前把本月的生活费花完了，出现了没有钱吃饭的困境。②日常消费的差异性。根据本书作者的调查结果发现，有的大学生一个月的生活费为700元，而有的大学生一个月的生活费为2000元以上。这样的差距会给日常消费水平较低的大学生带来很多负面的心理影响。③来自低收入家庭大学生的经济压力大。大学学习的学费、生活费及日常用品的费用，给这些来自低收入家庭的大学生造成了一定的经济负担。以上这三个方面的经济问题是大学新生常常遇见的困难现象，如果不能妥善处理好，将会诱发学生出现经济型心理危机。

8.2.4.5　境遇型心理危机

在大学生的日常生活中，常会有一些突如其来、无法预料和难以控制的自然灾害或人为事件，由此给大学生带来严重的负面影响或是伤害，使大学生无法承受从而产生心理危机。本书的研究结果表明，当大学生在面对突然发生的火灾、地震、洪水、台风等自然灾害，或是遭遇亲人突然患重病，亲人发生车祸严重受伤，父母因情感破裂或其他原因离婚，自身受到恐吓，遭遇到严重伤害等生活中突发的人为事件时，其心理往往会受到严重的影响与伤害，甚至产生心理危机。

8.2.5　大学生心理危机的诊断

《教育部　卫生部　共青团中央关于进一步加强和改进大学生心理健康教育的意见》（教社政〔2005〕1号）指出："要做好新生、应届毕业生、家庭贫困学生，特别是学习困难学生、失恋学生、违纪学生、言行异常学生的心理辅导和咨询工作，帮助他们化解心理压力，克服心理障碍。"（郑日昌等，2005）我们要想有效地做到缓解大学生的心理压力，帮助他们克服心理障碍，首先要做的就是进行心理危机的甄别与诊断，以便早日发现大学生的心理问题；然后抓住时机，及时进行有效的干预。

那么，如何有效地对大学新生进行心理危机的甄别与诊断呢？一般来讲，我们对大学新生进行心理危机甄别与诊断的方式有以下两种。

一是对大学新生进行入学初期的心理测试以进行排查。常用的心理测试量表有以下两种。①《症状自评量表》（SCL-90），量表包含90个项目，此表涉及比较广泛的精神病症状学内容，如思维、情感、行为、人际关系、生活习惯等。评定时间：可以评定一个特定的时间，通常是评定一周以来的时间。评定方法：分为五级评分（0—4级，0=从无，1=轻度，2=中度，3=相当重，4=严重；有的也用1—5级），在计算实得总分时，应将所得总分减去90。SCL-90除了自评外，也可以作为医生评定病人症状的一种工具。②《中国大学生心理健康量表》（CCSMHS）（郑日昌等，2005），由郑日昌等于2005年编制，是教育部社会科学研究与思想政治工作司组织研发的"中国大学生心理健康测评系统"的一个分量表，专门用于评估中国大学生心理健康状况，近年来在全国高校的新生入学时的心理健康监测中得到广泛的使用。该量表由104个项目组成，13个分量表，包括躯体化、焦虑、抑郁、自卑、偏执、强迫、社交退缩、社交攻击、性心理、依赖、冲动、精神病、说谎量表，包含的项目数分别为9、6、7、11、12、7、10、10、8、7、8、6、3个。所有项目均采用Likert 5点计分（1代表没有，5代表总是）。CCSMHS编制过程严格谨慎，量表具有较高的内部一致性信度和重测信度，内容效度、结构效度、效标效度、实证效度被证实均较为理想。分量表的内部一致性系数介于0.646—0.846。可以通过以上任一种量表对大学新生的心理问题进行诊断。

二是通过大学新生一系列的身心反应进行心理问题的甄别。本书的研究结果表明，对于刚刚入学的大一新生来说，当个人出现心理危机时，当事人有可能及时察觉，也有可能"未知未觉"。但是，无论何种情形，当个体面对危机时都会产生一系列的身心反应，一般会维持6—8周。我们可以通过这些危机反应的主要表现进行初步诊断。大学生的心理危机反应主要表现在生理、情绪、认知和行为上。

（1）生理方面的反应：肠胃不适，腹泻，食欲下降，头痛，疲乏，失眠，做噩梦，易惊吓，感觉呼吸困难或窒息，有哽塞感，肌肉紧张等。

（2）情绪方面的反应：焦虑，恐惧，怀疑，沮丧，忧郁，悲伤，易怒，绝望，无助，麻木，否认，孤独，紧张，不安，愤怒，烦躁，过分敏感或警觉，持续担忧，担心家人安全，害怕死去等。

（3）认知方面的反应：注意力不集中，缺乏自信，无法作决定，健忘，效能降低，不能把注意力从危机事件上转移等。

（4）行为方面的反应：上课无故缺席，成绩陡然下降，不能专心学习，社交退缩，逃避与疏离，不敢出门，容易自责或怪罪他人，不易信任他人等。

通过大学生以上四个方面心理危机反应的主要表现，可以做出初步的心理危机诊断，只有清楚地了解了大学生心理危机的主要表现，才能更好地对大学新生的心理问题进行有效甄别。

8.2.6　大学生心理危机的干预

大学生心理危机干预是指在心理学理论指导下，采取紧急应对的方法帮助有心理危机的个体或群体从心理上解除迫在眉睫的危机，使其症状得到立刻缓解和持久消失，心理功能恢复到危机前的水平，恢复心理平衡并获得新的应对技能，以预防将来心理危机的发生。它不同于一般的心理咨询和治疗，最突出的特点是及时性、迅速性，其行动的有效性是成功的关键。

8.2.6.1　大学生面对心理危机的心理历程

一般来说，大学生面对心理危机时会经历以下四个阶段。

第一个阶段，冲击期。在危机事件发生后不久或当时，当事人感到震惊、恐慌、麻木、迷惑、不知所措。

第二个阶段，退缩混乱期。当事人表现为想恢复心理上的平衡，控制焦虑和情绪紊乱，恢复受到损害的认知功能，但不知如何做。此时会出现否认或不相信、合理化等心理防御反应。

第三个阶段，适应期。当事人想解决问题，寻找新的目标。

第四个阶段，重建期。当事人积极采取各种方法接受现实，改变心理失衡的状态，恢复至危机前的心理状态，并为将来做好计划。

8.2.6.2 大学生心理危机的干预原则

心理咨询师进行大学生心理危机的干预工作时要遵守一定的原则，具体来讲，主要有以下5条基本原则。

第一条原则，信任性原则。获取当事人的信任，使面临危机而心绪不佳、郁闷、痛苦、不知所措的当事人愿意接受帮助，重新经历、体验，并开始摆脱痛苦，协助当事人最终走出危机。

第二条原则，指导性原则。帮助当事人有所作为地正视和处理危机事件，对当事人的处境表示理解，并进行心理分析，客观地给当事人提出有效可行的解决其心理危机之途径与策略，使当事人能够明白自己该如何做，做什么。

第三条原则，客观性原则。陷入危机的当事人往往因不了解危机事件的真相而产生错觉，并且不断夸大危机的情境与发展势态，对不良结果的想象程度远比事实更糟。因此，在进行心理危机干预时必须采用适当的方式、手段和语言，给当事人提供相关的客观信息，适当帮助当事人分析危机事件的实际真相，使当事人能够正视自身的现实情况，并愿意勇敢地去面对现实情境。

第四条原则，保护性原则。在对当事人进行心理危机干预时，一定要谨慎，注意不要给当事人带来二次伤害；同时，严禁怂恿当事人责备他人，避免产生与心理危机干预无关的、不必要的负面心理影响及伤害。

第五条原则，保密性原则。所有参与对当事人进行心理危机干预的知情人员，务必保护当事人的全部个人隐私，不得随便透露当事人的任何信息，严格保密。

8.2.6.3 大学生心理危机的干预方法

一般来说，处于心理危机状态的大学生可分为处于心理危机初期的学生，受到严重精神创伤、出现严重心理危机的学生，有自杀倾向的学生。根据学生所处危机程度的不同而采取不同的干预方法，具体操作方法如下。

（1）针对处于心理危机初期的学生，在充分了解其心理危机的情况及背景后，可以通过以下方法进行：一是精神支持，即对当事人给予适当的激励，使其有足够的信心，坚信自己有处理危机的能力；二是提供宣泄的机会，即给当事人提供宣泄的机会，帮助释放其过度压抑的负面心理能量；三是给予希望和传递乐观精神；四是有选择地倾听；五是直接建议和限制，即按照实际情况提出劝告和建议，防止不利情况的发生。

（2）针对受到严重精神创伤、出现严重心理危机的学生：一要报告心理咨询中心，对学生的心理健康状况进行评估，或请专业精神卫生机构会诊；二要密切关注，开展跟踪咨询，及时提供心理辅导，必要时进行专家会诊；三要派专人监护，采取有力措施，确保其人身安全。

（3）针对有自杀倾向的学生，应立即转移到安全环境，并成立监护小组对学生实行全程监护，确保学生人身安全，同时通知家长到校。

8.2.6.4　大学生心理危机干预步骤

心理咨询师在对大学生进行心理危机干预时，不能够盲目莽撞地行事，而是要科学地按照一定的实施步骤进行。

第一步，建立信任关系。首先要取得当事人的信任，建立良好的沟通关系。

第二步，稳定即时情绪。在建立基本信任的基础上，根据当事人对事件的反应积极进行急性应激处理，为其提供疏泄心理的机会，鼓励其把自己的内心情感表达出来，进行合理的心理疏导，以改善焦虑、抑郁和恐惧情绪，稳定当事人的即时情绪，减少过激行为的发生。

第三步，调整心理认知。在当事人情绪比较稳定之后，即可采取不同的心理干预方法进行认知矫正。例如，元认知心理干预技术（辽宁师范大学金洪源教授及其领导的课题组经历20多年努力研发的新一代高效心理干预技术体系）帮助当事人将心理活动中被动地为潜意识所左右成分的比重控制得越来越低，直至达到"想学能学好，想做能做到，想放能放下"的自觉、自主、自由境界。

第四步，恢复心理失衡。帮助当事人慢慢地走出困扰心境，接受眼前的现实情境，控制焦虑和情绪紊乱，恢复受到损害的认知功能，达到危机前的心理状态。

第五步，制订短期计划。帮助当事人自己制订切实可行的有效短期计划，包括发现另外的可利用的资源和寻找可以替代的应对方式，确定当事人能采取理智的、自主的行动步骤。

第六步，获得承诺执行。帮助当事人以自己可以接受的方式，采取肯定的、积极的态度，从现实的角度出发，自己制订执行短期计划的步骤，并且承诺自己可以完成该计划。

第七步，追踪观察监督。当事人在执行自己制订的短期计划时，心理咨询师要做好"守望者"的角色，持续观察当事人的外在行为现象，洞察其心理发展变化，在关键时刻予以协助。

8.2.7 大学生心理危机的预防

众所周知，要做好大学生心理危机的干预工作应立足教育，重在预防。那么，如何做好大学生心理危机的预防工作呢？作者依据目前相关大学生心理危机预防工作的现状及存在的实际问题提出以下解决策略。

8.2.7.1 构建完善的大学生心理健康教育体系

在全校开设心理健康教育课程，采用课堂教学和网络教学相结合的模式对大学生进行心理健康教育。教学内容主要由心理案例、心理知识、心理测试、心理拓展训练四个模块构成。需要达到以下教学目标。

（1）掌握相关心理学的专业知识。针对大学生广泛存在的一系列心理问题，如"我是谁"的问题、心理适应问题、情绪管理问题、人际交往问题、恋爱与性的问题、学习心理与策略等问题开展系列心理教育活动，使大学生了解相关的心理学知识，明白心理问题产生的原因，懂得如何去应对。

（2）正确地认识自我，接纳自我，提升自我，突破自我，完善自我。根据大学生的年龄和心理发展特点，对大学生进行自我意识教育，引导大学生正确地认识自我，愉快地接纳自我，积极地提升自我，培养大学生的自信心，消除自卑心理，使大学生能够不断地提升自我，突破自我，完善自我，进而成为人格健全的人。

（3）学会自助与他助。通过对大学生进行心理素质的拓展训练，帮助其学习有效解决心理压力和冲突的方法。例如，对大学生进行心理实操训练，让大学生了解什么是心理危机，在什么情况下会出现心理危机，哪些言行是自杀的前兆，对出现自杀前兆的同学如何进行帮助和干预等。如此，不仅提高大学生自身的心理健康水平和危机应对能力，还能提高他们帮助别人的能力，从而优化大学生的个性心理品质，增强心理调适能力，提高心理健康水平。

（4）端正大学生对心理咨询的态度。丰富大学生的心理学知识，通过心理健康教育活动，引导学生树立现代健康观念，增强他们心理保健意识，端正他们对心理咨询的看法，引导他们主动寻求帮助，缓解负性的情绪，避免因心理问题加重而导致心理危机的发生。

8.2.7.2　加强校园文化建设

一般来说，每所大学都有她自己的校园文化，这种校园文化直接影响大学生的学习、生活、人生取向、心理发展及健全人格的培养。所以，各大高校务必要加强校园文化建设，改善大学生的社会心理环境，以有利于大学生心理危机的预防。

（1）良好的校园文化，科学的管理，公平的竞争机制，有助于大学生顺利地完成学业，减少他们学习的心理压力。

（2）开展丰富多彩的校园文化活动，展现大学生的天赋与才华，开阔大学生的视野，陶冶大学生的情操，提高大学生的审美修养，培养大学生的创新能力。

（3）营造温馨的校园气氛、富有人文关怀的学习环境，可以去除大学生心理的孤独感，缓解他们内心的压抑，获取自信心及归属感，使他们在新的大家庭中获得奋发向上的精神力量，有助于他们健康人格的形成。

8.2.7.3　开展大学生心理咨询与心理辅导工作

重视并开展大学生心理咨询与心理辅导工作，为大学生营造一个温馨的心灵驿站，解决大学生出现的一般心理问题，疏导心理"堵塞"，清理心理"垃圾"，预防大学生心理危机的发生。

（1）建立心理咨询室。专业的心理咨询师通过晤谈、心理测试等方法了解来访大学生在学习、生活、成长等方面出现的心理问题，如大学生的独立生活及社会环境的适应，学习与社会工作关系的处理，人际交往的适应，恋爱等心理问题，并针对引发具体心理问题产生的心理原因进行翔实分析，及时通过各种辅导形式予以指导和帮助。

（2）建立心理咨询与心理辅导网站。开展大学生心理咨询与心理辅导工作，可以充分使用现代网络技术，建立大学生心理咨询与心理辅导网站。①通过网络语言、文字等媒介，图文并茂地宣传相关的心理健康知识；②聘请资深的心理咨询专家做线上心理咨询与心理辅导老师，充满人文关怀地及时解答大学生在网络上提出的心理咨询问题，予以初步处理，给出有效可行的建议。

8.2.7.4 建立大学生心理预警系统

为了更好地遏制和预防潜在的大学生心理危机，做到心理问题及早发现，及时预防，有效干预，需要建立有效的大学生心理预警系统。

1. 建立大学生个人心理健康档案

大学生个人心理健康档案的建立应该从新生入学做起，通过新生入学的心理健康普查活动，开展大学生心理健康状况摸排工作，建立大学生个人心理健康档案。大学生个人心理健康档案的建立，不但有利于高校准确了解大学生整体心理健康现状，而且有助于学生了解自身的心理健康状况和心理特点。

2. 确定心理危机预警的范围和对象

依据建立的大学生个人心理健康档案，有效地筛选出有不同程度心理问题的学生，或是存在心理危机倾向与处于心理危机状态的学生，初步锁定心理危机预警的范围；然后由专业的心理咨询师对有潜在心理危机的大学生发出邀请，约他们进行面谈。根据面谈及心理症状评估结果，最后确定心理危机预警的具体对象，向他们提供及时的心理救援，积极做好心理问题高危人群的预防与干预工作。

3. 组建大学生心理危机预警信息员队伍

为了及时了解心理危机预警对象的相关信息，需要建设一支强有力的心理危机预警信息员队伍。该信息员队伍应以学生辅导员、心理委员、学生干部、学生党员和宿舍长为骨干力量，及时汇报心理危机预警对象的相关信息，做到早发现、早汇报，以便有效遏制学生中可能出现的心理危机事件，减少学生由心理危机带来的生命损失，增强大学生心理危机预防工作的主动性与针对性。

4. 建立大学生心理危机三级预警系统

要做好大学生的心理危机预防工作，需要建立大学生心理危机三级预警系统，其构成与职责如下。

一级预警系统，为各班的心理委员和各宿舍的"心理气象员"，需要定期接受心理健康知识培训，学习相关心理危机预防与干预的基本知识，发挥学生干部在心理危机预防与干预中的重要作用，担负了解同学们异常行为表现的重任，并及时向辅导员和班主任报告。

二级预警系统，为各院系主管学生工作的党总支书记、辅导员和班主任，需要定期接受有针对性的心理健康知识培训，学习相关心理危机预防与干预的基本知识，提高心理健康教育理论素养和实际操作水平，具备"心理危机识别"的职业能力，负责学生的心理健康教育工作，了解学生的异常行为表现，一旦发现学生有重大异常情况，应在第一时间向学校心理咨询中心报告。

三级预警系统，为学校心理咨询中心，负责大学生的心理危机干预工作、高危人群的筛查及其信息存档备案工作，并负责向各院系发出预警信息，促使各院系"心理工作站"协助心理咨询中心进行跟踪和监控；除此之外，心理咨询中心还需要做到以下两点：一是邀请心理专家建立大学生心理危机干预中心，确保危机干预的专业化，真正做到危机事件早发现、早评估、早干预；二是设立信息化的心理危机干预热线，及时发现学生中存在的心理危机，让学生在身处危机时能及时得到帮助。

5. 创建大学生心理危机预防五级工作机制

随着我国近年来大学生心理危机预防与干预工作的不断实践与创新，首都师范大学蔺桂瑞（2014）提出了大学生心理危机预防五级工作机制。五级工作机制是由学校、院系、班级、宿舍和学生个体组成，其构成及相应的岗位职责如下。

一级：学校。由学校主管领导、学校心理素质教育工作领导小组、学生处等相关职能部门和心理咨询中心组成。负责制订学校整体心理素质教育工作计划，协调在心理危机发生前和发生后的全校心理危机预防工作。心理咨询中心负责学生的专业教育、培训、咨询、心理危机干预工作。

二级：院系。由院系领导、党委副书记、辅导员、专职学生工作干部，以及院系的学生会、研究生会的心理部长组成。负责制订本院系心理素质教育和心理危机预防与干预工作计划，开展本院系心理教育及心理危机预防与干预的宣传教育，做好本院系学生的心理危机识别、干预工作。

三级：班级。由班主任、任课教师、学生心理委员组成。负责制订本班学生心理素质教育和心理危机预防与干预工作计划，开展本班学生心理教育及心理危机预防与干预的宣传教育，做好本班学生的心理危机识别、干预工作。

四级：宿舍。由宿舍长和热心此项工作的宿舍成员组成。负责开展本宿舍同学的心理教育及心理危机预防与干预的宣传教育，做好宿舍同学的心理危机识别、干预工作。

五级：学生个体。参与学校组织的心理教育及心理危机预防与干预的宣传教育活动，掌握相关知识，维护自身心理健康，主动寻求心理帮助；关心同学，帮助同学疏解压力，及时识别心理危机，及时向学校老师和相关部门汇报。

大学生心理危机预防五级工作机制是预防心理危机和进行心理健康教育的有效途径。五级工作机制的创建，可以使学校制定的相关心理素质教育内容向院系、班级、宿舍、学生个体贯彻实施，层层深入，覆盖各个群体和每个学生个体，使心理危机预防和心理健康教育真正落实到每一个学生；同时，它又体现了学校全体教职员工和全体学生的参与，体现了学校各方面的相互配合；使学校各个管理层次、各个群体之间相互联系，相互沟通，形成了一个纵向衔接，横向沟通，各方配合的心理危机预防网络工作系统。

Ψ 8.3　心理测试

心理测试一　自我和谐量表

1. 量表说明

《自我和谐量表》（*Self Consistency and Congruence Scale*，SCCS）（汪向东等，1999）经因素分析得到三个分量表，分别是："自我与经验的不和谐""自我的灵活性""自我的刻板性"。

"自我与经验的不和谐"反映的是自我与经验之间的关系，包含对能力和情感的自我评价、自我一致性、无助感等，这些所引发的表现更多地反映了对经验的不合理期望。

"自我的灵活性"与敌对和恐怖的相关显著，可能预示了自我概念的刻板和僵化。

"自我的刻板性"不仅同质性信度较低，而且仅与偏执有显著相关，说明这一分量表的含义有待进一步研究，在应用时也应小心。

以下列举10个题目供参考。

2. 心理测试题

下面是一些个人对自己的看法的陈述。填答时，请您看清楚每句话的意思，然后在一个数字（1：完全不符合；2：比较不符合；3：不确定；4：比较符合；5：完全符合）对应的空格中打"√"，以代表该句话与您现在对自己的看法相符合的程度。每个人对自己的看法都有其独特性，因此答案是没有对错的，您只要如实回答就可以了。

题目	符合程度				
	1	2	3	4	5
1. 我周围的人往往觉得我对自己的看法有些矛盾					
2. 有时我会对自己在某方面的表现不满意					
3. 每当遇到困难，我总是首先分析造成困难的原因					
4. 我很难恰当地表达我对别人的情感反应					
5. 我对很多事情都有自己的观点，但我并不要求别人也与我一样					
6. 我一旦形成对事情的看法，就不会再改变					
7. 我经常对自己的行为不满意					
8. 尽管有时得做一些不愿做的事，但我基本上是按自己的愿望办事的					
9. 一件事情好就是好，不好就是不好，没有什么可以含糊的					
10. 如果我在某件事上不顺利，我就往往会怀疑自己的能力					

心理测试二　逆境适应能力测试

1. 量表说明

《逆境适应能力测试》（肖卫，2002）用来测评大学生在遇到逆境时的心理承受能力水平，如在大的挫折面前是否坚强、能否承受突如其来的变故、经得起意外打击等。测试结果分为三种类型：A型，无法承受突如其来的变故；B型，心理承受能力水平一般；C型，勇敢迎接命运的挑战。

以下列举10个题目供参考。

2. 心理测试题

以下有20道测试题，可以帮助您对自己作出判断，请认真回答。A表示"是"，B表示"否"，C表示"不全是""不一定"或"不确定"。请在相应空格中打"√"。

题目	A	B	C
1. 你童年时很受父母宠爱			
2. 你步入社会后经历坎坷，屡遭挫折			
3. 你初恋失败后几乎丧失了生活的勇气			
4. 你的收入不高，但手头并不缺钱花			
5. 你无法忍受和性格不同的人一起工作			
6. 你从不失眠			
7. 你的朋友突然带一个你非常讨厌的人来访，对此你感到恼火			
8. 原定你晋升职务，可公布名单时却换了另一个人。即便如此，你也心情坦然，并向他祝贺			
9. 你看到那些穿着奇装异服的人就感到讨厌			
10. 你认为一些新规定的颁布和实施都是理所应当的			

心理测试三　大学生压力源问卷

1. 量表说明

《大学生压力源问卷》（段鑫星和程婧，2006：65-67）旨在测评大学生日常学习生活中压力的产生根源。该问卷通过68道题来表述大学生活中常见的生活事件，然后，请被试分别按照生活事件给他们心理造成的压力严重程度与压力持续时间做出选择。

经因素分析得到7个因子：重大与突发性压力、家庭与经济压力、前程压力、学习压力、社交与人际关系压力、异性关系压力、自主与独立压力。每个题项的压力值等于影响程度乘以影响时间。每个因子的得分越高，表明该方面的压力感受越强烈。7个因子的总分越高，压力强度越大。

以下列举10个题目供参考。

2. 心理测试题

以下68道题所表述的是大学生活中常见的生活事件，请分别按照给你心理造成的压力严重程度与压力持续时间做出选择：压力严重程度中，0表示"无压力"，1表示"轻度压力"，2表示"中度压力"，3表示"重度压力"，4表示"严重压力"；压力持续时间中，1表示"小于等于三个月"，2表示"小于等于半年"，3表示"小于等于一年"，4表示"大于一年"。每题各只选一项。

生活事件	压力严重程度					压力持续时间			
	无	轻度	中度	重度	严重	≤三个月	≤半年	≤一年	>一年
1. 考试成绩不理想	0	1	2	3	4	1	2	3	4
2. 学习负担重	0	1	2	3	4	1	2	3	4
3. 不知如何完善自己的素质	0	1	2	3	4	1	2	3	4
4. 上课听不懂	0	1	2	3	4	1	2	3	4
5. 作业不能够独立完成	0	1	2	3	4	1	2	3	4
6. 学校指定教材难	0	1	2	3	4	1	2	3	4
7. 同学之间在学习上相互竞争	0	1	2	3	4	1	2	3	4
8. 想学好，但学不进去	0	1	2	3	4	1	2	3	4
9. 考试没通过	0	1	2	3	4	1	2	3	4
10. 面临试读、休学、退学等	0	1	2	3	4	1	2	3	4

心理测试四　大学生压力应对问卷

1. 量表说明

《大学生压力应对问卷》（段鑫星和程婧，2006：68-69）旨在测评大学生对常见压力的应对方式。根据大学生"在面对压力时，我……"来作答的结果，经因素分析得到5个因子：解决问题、合理化、退避、自责、幻想。每个因子的得分越高，表明越倾向于采用该种压力应对方式。

以下列举10个题目供参考。

2. 心理测试题

以下32道题所表述的是大学生中常见的压力应对方式，请分别按照自己的实际情况作出选择：0表示"不符合"，1表示"比较不符合"，2表示"不确定"，3表示"符合"，4表示"非常符合"。根据"在面对压力时，我……"来作答。每题只选一项。

压力应对方式	符合程度				
	0	1	2	3	4
1. 能理智地应付困境					
2. 会从失败中吸取经验教训					
3. 制订克服困难的计划，并按照计划去做					
4. 对自己克服困难的能力充满信心					
5. 寻求解决问题的方法					
6. 转移注意力以忘记不快					
7. 听天由命					
8. 幻想奇迹会出现					
9. 找人聊天，以减轻烦恼					
10. 求助于可以帮助自己的人					

Ψ8.4 心理拓展训练

1. 自我剖析

请同学们依据自己的心理测评结果，剖析自我与经验之间的关系、自我概念的刻板和僵化，以及自身的逆境适应能力。

2. 小组讨论与分享

（1）常常给大学新生带来心理压力的事件有哪些？
（2）谈一谈你应对压力事件的方法或策略。
（3）作为大学生应该怎样预防心理危机？

3. 感悟与收获

请同学们写一写通过对本章内容的学习与了解，你最大的感悟是什么？你最大的收获是什么？

9 大学生的人生目标

无目标的人生,只是一连串毫无意义、没有方向和漫无目的的活动而已。无目标的人生,是找不到任何价值的。

——华理克(Rick Warren)

本章主要讲述当代在校大学师范生人生目标取向现状,大学生如何定位自己的人生目标,影响大学生实现自己人生目标的因素,以及大学生如何实现自己的人生目标。

Ψ9.1 心理案例

"心里不爽"的大学新生

小伟,一位大一的男生。从开学到现在,总是闷闷不乐,无心学习,整天浑浑噩噩,无所适从,令人担忧。他的父母给他打电话,他不想接;放假了也不想回家。他的父母也很担心和后悔,觉得当初不应该极力劝说,让孩子选读他不喜欢的专业和学校。小伟的家里人多次开导他,跟他谈话,劝他复读他也说不想……同学和他谈心,劝导他,似乎也没有效果。实在无奈,请小伟去学校的心理咨询中心,找心理咨询师谈谈,也遭到了拒绝。

像小伟这样的大学新生目前在高校里已不占少数,他们由于在高考填写志愿时,是父母帮助自己选专业、定学校,而不是自己做主选择,所以,等到大学开学报到后,发现所读学校并非自己的心仪大学,与自己的心理预期相差甚远,于是便怨天尤人,处处为自己不努力学习找借口,甚至责怪父母的不当选择,抱怨学校的不好等,就是没有省察自己……因此,大学新生要注重自己的情绪管理,不要过于任性和偏执,要学会"既来之,则乐之",从日常的点滴小事做起,寻找生活的美好,不要怨天尤人,学会独立与担当,管理好自己的情绪。

迷茫的大学生

来访者自述

我是一名大学二年级的学生(男生),上大学已经快两年了。我越来越感到无聊至极,每天不知道自己要干什么,也不知道为什么要去上课、去图书馆,更不知道这些对我的未来生活有多大帮助。虽然目前没有挂科的现象,成绩还行,但我一点学习动力都没有,这种状况在高中几乎是不可能的。上大学前我的目标很明确,就是认真学习,考上一所好大学。现在考上了,但我一点学习兴趣都没有。心情好时去上课,心情不好时就旷课去玩游戏,或听歌、打牌。我觉得我在浪费时间、浪费生命,很着急,可我又做不好,没办法控制自己、集中注意力,我的负罪感越来越深,我真不知道自己该怎么办了。我也曾尝试做些什么,让我自己有些兴趣去面对学习,可现在有些老师上的课很散,让我感到很无味。我也曾制订过计划,对每天的学习、生活、娱乐都做出安排,但执行起来很糟糕,不像高中时执行得那么坚决,我不知我到底要干什么了……

干预措施

进入大学,因为缺少明确的目标和方向而迷茫,再加上大学生活和中学紧张忙碌的学习生活不同,大学生容易形成心理落差感。现实现状和理想的生活状态之间的差异与矛盾,构成了个人生活持续的压力源。为何而学,如何学,实际上已经成为大学生群体中较为普遍的思考。

针对本案例男生情况,采取一对一的个体心理咨询辅导方式。首先,了解案例中男生的心理需求,在倾听的过程中给予相应的鼓励和支持,创造相互信任的咨询关系。通过了解发现该男生自我效能感偏低,不相信自己有能力去完成某项工作,这和个人性格及归因风格有关,且在大学新环境中未发展出良好的适应性行为,表现为有想法而无行动,或有简单行动,即追求进步的想法和实际的努力并不匹配。同时缺乏对个人生涯的关注和规划。其实这种问题在每个人身上都有所体现,只是程度不同。心理咨询师将这些发现在恰当的时候反馈给该男生,手把手带领他逐步分解学习目标,每完成一件都会向他询问:"怎么做到的?原因是什么?这和以前有没有什么不一样?"通过强化和给予一些期望,帮助其发生积极的改变。同时,挖掘该男生本身的优势资源,对自我进行探索。"知己知彼"是做好生涯规划的前提,在咨询的过程中帮助其增加对自我的认识和了解,包括自己的需要、兴趣、能力、价值观、能力和优势性格等方面。在访谈过程中,了解他对专业领域的就职偏好,对未来的职业是否有自己的想法。

干预效果

咨询结束后,该男生反馈对自己的认识更加清晰与具体,在自我觉醒中也意识到了存在的不足。同时改变意向,发展出一些积极的心理和行为,"看上去这些很难,但是只要我做出一点改变,都比无作为要好得多",学会鼓励自己努力，勇敢地面对困难和克服困难。该生对未来职业发展也初步设定了一些目标，"我准备争取更多的实践机会，比如，兼职做家教和讲课，在大三之前拿下教师资格证、普通话和计算机二级证书"。

Ψ9.2　心理知识

每一位大学生都是带着自己对未来的美好憧憬迈进大学的校门，进入高校后面临着一个重新定位其人生理想目标的问题。不少学生初入大学，雄心勃勃，对未来充满了憧憬，但往往到了大二便开始松懈，学习兴趣开始下降，学习动力不足，出现上课迟到、玩手机、不认真听课、甚至旷课等不良现象。本书的研究结果表明，许多大学生之所以进入大学没有刻苦学习、荒废学业主要是因为他们缺乏人生奋斗的理想目标和人生责任感。所以，我们要加强对大学新生的人生梦想和人生奋斗目标教育。

9.2.1　在校大学师范生人生目标取向现状

当代在校大学师范生的人生目标取向现状研究，是以我国某所师范大学的160名来自不同专业的大学生为研究对象，采用了问卷法和访谈法调查。首先，从大学生的人生目标切入，通过"你的人生目标是什么"来了解当代在校大学师范生的人生目标取向。其次，收集所有的调查资料和数据，包括问卷数据的整理和访谈资料的梳理。最后，对所收集的一手翔实资料进行科学分析。调查研究分析结果如表9-1所示：绝大部分的在校大学师范生（95%）拥有自己的人生目标，只有极少部分的在校大学师范生（5%）没有自己的人生目标。

那么，当代在校大学师范生的人生目标取向如何呢？

研究结果表明，当代在校大学师范生的人生目标取向可以分为以下12个方面（表9-1）：

（1）教师，有41%的在校大学师范生其人生目标是成为教师，将来从事教学工作；

（2）专业人士，有11%的在校大学师范生其人生目标是成为专业人士，将来从事某种专业工作；

（3）家庭幸福，有8%的在校大学师范生其人生目标是将来拥有一个幸福的家庭；

（4）幸福生活，有8%的在校大学师范生其人生目标是将来拥有幸福的生活；

（5）别人的帮助者，有6%的在校大学师范生其人生目标是成为别人的帮助者；

（6）成功的企业家，有6%的在校大学师范生其人生目标是将来成为成功的企业家；

（7）有一份好工作，有5%的在校大学师范生其人生目标是将来能够有一份好工作；

（8）自己创业，有3%的在校大学师范生其人生目标是将来自己创业；

（9）继续深造，有3%的在校大学师范生其人生目标是继续深造，准备考研读博；

（10）做自己想做的事情，有2%的在校大学师范生其人生目标是做自己想做的事情；

（11）环球旅行，有1%的在校大学师范生其人生目标是环球旅行；

（12）法官、解放军，有1%的在校大学师范生其人生目标是成为法官或解放军。

表 9-1　当代大学师范生的人生目标取向

序号	人生目标	比例/%
1	教师	41
2	专业人士	11
3	家庭幸福	8
4	幸福生活	8
5	别人的帮助者	6
6	成功的企业家	6
7	有一份好工作	5
8	没有理想	5
9	自己创业	3
10	继续深造	3

续表

序号	人生目标	比例/%
11	做自己想做的事情	2
12	环球旅行	1
13	法官、解放军	1

由以上研究结果发现，大多数在校大学师范生的人生目标取向现状为正向的、积极向上的；但是，大学生的人生目标取向多为自我中心的职业、家庭与生活取向，缺乏以中华民族或国家利益为取向的高远人生目标。

作为当代的一名大学生，以上研究结果对你有何触动，带给你怎样的人生启示？

9.2.2 大学生如何定位自己的人生目标

相关大学教育对实现大学生人生目标的有效帮助性调查结果发现（表9-2）：

（1）认为大学教育对实现自己人生目标有帮助的大学生所占比例为88%，其中有85%的大学生认为大学教育对自己实现目标有帮助，而认为大学教育对实现自己的目标有一些帮助的大学生占3%。

（2）认为大学教育对实现自己人生目标没有帮助的大学生所占比例为12%，其中有6%的大学生认为大学教育对自己实现目标没有帮助，还有6%的大学生认为大学教育对自己实现目标有阻碍作用。

表 9-2　大学教育对实现你的目标有没有帮助

序号	帮助情况	比例/%	帮助情况	比例/%
1	有帮助	88	有帮助	85
			有一些帮助	3
2	没有帮助	12	没有帮助	6
			有阻碍	6

由此可见，大学生如何定位自己的人生目标是目前我国大学教育存在的一个迫切需要解决的问题，也是每一位大学新生心中所向往的人生目标问题——生涯规划。

大学新生如何有效地设定自己的人生目标呢？

9.2.2.1 SMART 原则

根据管理学大师彼得·德鲁克（Peter Drucker）的说法，管理人员一定要避免"活动陷阱"（activity trap），不能只顾低头拉车，而不抬头看路，最终忘了自己的主要目标。于是，德鲁克在他的著作《管理实践》（*The Practice of Management*）中提出了SMART原则。SMART是由5个单词的首写字母构成，来说明如何为自己设定有效的人生目标，具体内容如下。

S（specific）：目标的具体性，表示具体的、可确定的。人生目标的计划必须是明确的、具体的，明确到每一个时间段具体要完成什么样的人生目标或任务。

M（measurable）：任务的可测性，表示可以衡量的、可以量化的。计划的量化可以使计划的执行有一个衡量的标准，设定的目标计划完成了没有、完成的好坏等问题都需要有一个明确的量化标准进行评估。

A（achievable）：计划的可操性，指可以达到的、可以实现的。在制订人生目标计划时，很多人容易犯好高骛远的毛病，为目标的实现带来难度，以致无法实现自己所设定的人生目标。所以，制订计划时一定要依据自身的实际情况，必须考虑计划最终能不能完成。

R（result-oriented）：行为的实效性，是说计划必须注重效果。制订人生目标计划是一种预测性行为，在具体实施过程中一定要随时检测计划实施的阶段性效果。这一原则与上述量化标准有所呼应，按照计划实施了一段时间后，效果到底怎么样自己心里应该比较清楚，从而便于及时调整目标计划。

T（time-limited）：计划的时间性，字面的意思是说要在有限的时间内完成人生目标计划，深一层的意思就是要对计划进行有效的时间管理。例如，大学新生设定一个学习计划，一定要明确该计划的完成时间，在不同的时间段计划任务有什么不同，这些在制订计划的时候都必须考虑清楚。特别是有多个不同的学习计划并存的时候，就更加要考虑每个目标计划的轻重缓急和时间的合理调配。

由此可见，当同学们掌握好SMART原则的5点内容，就可以制订出一个具体可行的人生目标计划，在实施计划的时候，还可以根据这5点进行评估和检测，及时发现问题并及时进行修正。

9.2.2.2 SMART 原则的实践应用指南

在制订学习目标或者任务目标时,要先考虑一下自己所制定的目标与计划是不是SMART化的。一般来说,只有SMART化的计划才具有良好的可实施性,也才能保证自己的计划将来得以实现。下面我们就以英语学习为例,介绍一下SMART原则在设定大学英语学习目标计划时的应用(表9-3)。

表 9-3 大学英语学习目标计划

SMART 原则	大学英语学习目标计划
S (specific):目标的具体性	通过大学英语四级考试
M (measurable):任务的可测性	每天背 100 个英语单词
A (achievable):计划的可操性	根据自身记忆单词的实际能力水平适当调整单词量
R (result-oriented):行为的实效性	英语学习计划实施的效果检验
T (time-limited):计划的时间性	在预期的时间内完成英语学习目标计划

大学生生涯规划问题的首要任务,就是帮助大学生了解自己的心理个性特征、自身的潜能及兴趣爱好,使其正确选择适合自身的理想工作,设定其人生目标,并为之而努力学习,奋发向上。SMART原则的实践应用,可以让大学生根据自己的学习计划设定适合自己心理个性特征的有效学习目标,实现大学生个性化学习,尽可能地开发学生的潜力,发挥他们的优势,便于更好地定位自己的人生目标,在未来的职业生涯发展过程中取得最大成功,拥有一个精彩的美好人生。

9.2.3 影响大学生实现自己人生目标的因素

每一位大学生都是带着自己对未来的美好憧憬,迈进大学的校门;带着自己心中的梦想扬帆起航,开启人生新的旅程,奔向自己向往已久的美好未来。

那么,在大学阶段学生如何实现自己的人生目标呢?

通过目前国内外的相关研究成果,不难发现,大学生要实现自己的人生目标需要具备三种优质心理品质,同时必须克服三种不良心理品质,方可实现自己的人生目标,到达成功的彼岸。

9.2.3.1 需要具备的三种优质心理品质

一是责任担当心理。一个人的责任担当心理是其迈向成功的基本心理素质，是取得人生成功的基本保障。所以，当代的大学生要实现自己的人生目标，一定要具备敢于担当责任的良好心理素质。在实现自己人生目标的旅程中，要准备好为实现自己的梦想和设定的人生目标负责任，拥有面对未来未知困难情境的信心及在困难情境中自我激励的能力，面对困难不退缩、勇往直前，并且敢于对其后果担负责任。

二是团队合作能力。所谓团队合作能力，是指建立在团队的基础之上，发挥团队精神、互补互助以达到团队最大工作效率的能力。对于团队的成员来说，不仅要有个人能力，更需要有在不同的位置上各尽所能、与其他成员协调合作的能力。中国有一个家喻户晓的故事："一个和尚挑水喝，两个和尚抬水喝，三个和尚没水喝。"这三位和尚之所以没水喝是因为他们缺乏合作意识和奉献精神，他们互相推诿、不会互相合作。这个古老的故事永远值得我们思考，现代社会，如果缺乏合作意识，那是难以立足的，更无法实现自己美好的人生目标。所以，对当代的大学生就要从合作意识的教育做起，使他们能够多为他人、多为集体着想，具备建立同伴合作关系的能力。不仅愿意与团队成员合作，还能够汲取团队里其他成员的长处来弥补自己的短处，也能够把自己的长处和优点分享给大家，互相学习交流，共同进步。除此之外，还要同时具备在专业领域领导团队的能力，能够提出和采纳团队管理策略有效组织团队工作。

三是自我发展能力。埃里克森认为，人的自我意识发展持续一生，他把自我意识的形成和发展过程划分为8个阶段，这8个阶段的顺序是由遗传决定的，但是每一个阶段能否顺利度过却是由环境决定的，而且每一个阶段都是不可忽视的。他的人格终生发展论，为不同年龄段的教育提供了理论依据和教育内容，任何年龄段的教育失误，都会给一个人的终生发展造成障碍。它也告诉每个人为什么自己会成为现在这个样子，所拥有心理品质哪些是积极的，哪些是消极的，是在哪个年龄段形成的，给个体以反思的依据。大学生的自我发展，主要是提高自己的知识水平和技能水平等素质，提高在劳动力市场和人才市场的竞争力，为经济和社会的发展做出应有的贡献，包括生理和心理两个方面。大学生通过对自身性格特征、能力水平，以及兴趣爱好做出识别、判定；发现自身在某一领域或某一方面的特长与潜力，从而有意识、有方向、有计划地培养与专向发展；并且能够正确规划自己的职业发展路径，积极进取、不断提升自身的主动性和独立性，毕业后能够具备自我组织和自我发展的能力，以及优化个人人生发展战略的能力。

9.2.3.2 需要克服的三种不良心理品质

一是需要克服自身惰性。一个人的成功是与克服自身惰性，努力奋发进取有密切关系的，毕竟这个世界上能够随随便便成功的幸运儿是少数。我们中的大部分都是"不经历风雨怎么见彩虹"的人，所以我们一定要克服自身的惰性，把握生命里的每一次感动、每一次机会，为自己争取更精彩的人生。克服自身惰性的三大要素是人生目标、自我调控能力及良好习惯。《21天习惯养成法》一书，就是要求人们有恒心去克服自身的惰性，坚持至少21天，便可克服自身的惰性，养成勤奋的习惯。习惯的养成刚开始会有一些痛苦，但一旦形成便成为自然，成为一种习惯。那么，你就会比别人多做一些事情，也就有可能多取得一点成就。例如，有一位作家，已经写了近10部作品。他养成的习惯是晚上9点睡觉，早上3点起床，然后就开始写作到早上9点，每天6个小时写作，雷打不动。他的理由也非常好，早上起来清气上升，万籁俱寂，没有打扰，所以思绪更为清晰活跃……由此可见，要实现自己的人生目标，就一定要克服自身的惰性，养成勤奋的好习惯。

二是需要克服多疑心理。当下，我们很多人对自己的行为或想法不够自信、怕被别人否定、太在意别人看法等，这种多疑的心理常常束缚着人们的创造性思维和创新性行为，以致人们原地徘徊不前，前怕狼后怕虎……如此这样，人们如何能够有所作为呢？尤其是当代的大学生，又如何能够拥有人生的美好愿景，去实现自己的人生目标呢？因此要克服多疑心理对自己的束缚，拥有自我内在的自信心，不要担心别人会嘲笑自己，不要害怕失败或者是被拒绝，活出最真诚的自己，坚定不移地奔向自己的人生目标，放飞自己的美好梦想。

三是需要克服无条理性。如果一个人做事情缺乏条理性、计划性，就如同一叶漫无目的随意漂浮在海面上的小舟随波逐流，不知何时才能到达目的地。如果大学生在自身生涯发展中没有一个很好的学习、工作规划，就会使自己陷入一团混乱之中理不出头绪，出现做事不分轻重缓急，眉毛胡子一把抓等现象。这样，就容易造成做事拖延、效率低下等结果，将严重影响大学生自己人生目标的实现。要克服这个缺点，首先，要了解自己的实际工作能力水平，不要做太过于超出自己能力的事；其次，在工作中要善于考虑细节，做好事情"轻重缓急"的统筹规划；最后，有条理地实施自己的计划，并且时时提醒自己要思维敏锐、讲究效率，为实现自己的理想目标而努力前行。

9.2.4 大学生如何实现自己的人生目标

众所周知，人生目标是美好的，但是去实现它，才是真正的美好。下面我想与大家分享三句外国名言，一起来感悟其中的奥秘。

Мастер Ли в совершенстве овладел искусством борьбы с драконами. Но в жизни применить его так и не смог – не встретил ни одного дракона（李大师完全掌握了打龙的艺术，但在生活中并不能应用它，因为从来没有遇到过一条龙）（Чжуан Цзы）.

Свои способности человек может узнать, только попытавшись применять их на деле（一个人的能力只有通过在实践中尝试应用它们，才能识别出来）（Анлуций Анней Сенека）.

Талант – это человек на своем месте（天才，就是在自己位置上的人）（Сергей Федин）.

由此可见，一个人成功的关键在于：首先，树立一个有实践意义的、可以实现的美好人生目标；其次，一定要在实践应用中把自己的才能展现出来；最后，到达成功的彼岸，找到自己的人生定位。

那么，对于一名大学新生来说，应该怎样做，才能够实现自己的人生目标呢？

9.2.4.1 制订个体自我发展计划

用SWOT分析法开启自我发展的计划，实现自己的人生目标。SWOT是由四个英文单词的第一个字母组成，具体组成部分有：优势（strengths）、劣势

（weaknesses）、机会（opportunities）、威胁（threats）。SWOT分析法可以帮助大学生清晰地把握全局，分析自己在资源方面的优势与劣势，把握环境提供的机会，防范可能存在的风险与威胁，对于大学生成功实现自己的人生目标有着非常重要的意义。

在使用SWOT分析法实施分析时，有必要从大学生实现自己人生目标的角度去分析个人的优势和劣势。SWOT分析的结果，可以使用下面的矩阵（图9-1）。从所呈现的描述中可以看出，这种练习将程序的标准化与学生个人工作的行为和个性化相结合。

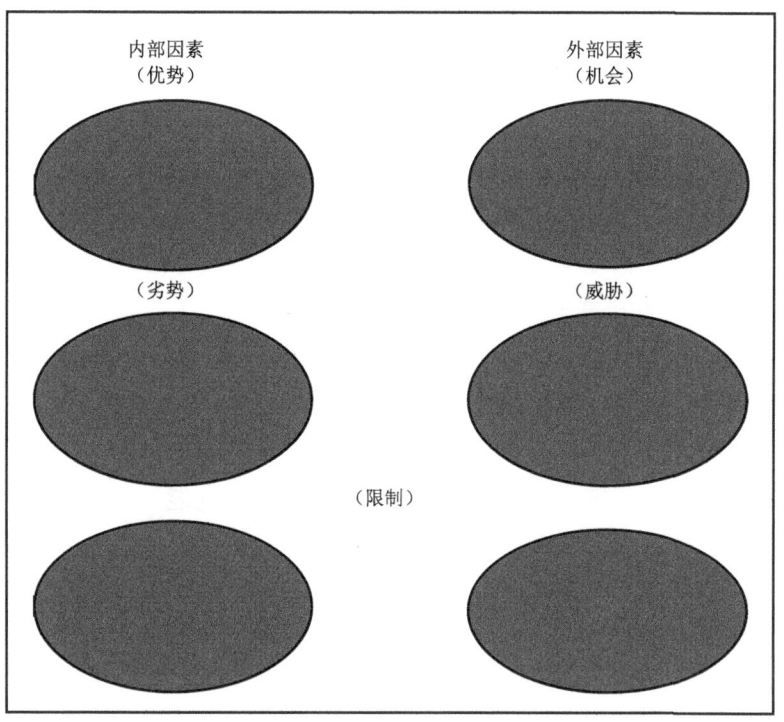

图9-1　个人SWOT分析矩阵

在完成上面提出的矩阵后，就进入第二阶段——成对比较分析阶段。这一阶段将对与实现重要目标相关的优势和劣势、机会和威胁及限制因素进行比较分析。可以使用以下问题：

——如何利用自身的优势来实现机会？

——如何利用机会来消除自身的劣势？

——如何利用个性优势克服威胁和限制？

——在威胁和限制的背景下哪些劣势最危险？

大学生通过回答上述问题，有意识地为实现自己的人生目标，确定所需要的最重要能力清单和最佳发展水平，并依此制订一个简短的自我发展计划，作为实现自己人生重要目标的主要组成部分。

9.2.4.2 实现个体自我目标的基本品质

在心理学领域，心理学家一直感兴趣的问题，就是成功人士应该具备怎样的个性特性及哪些心理品质？它们对一个人的成功会有怎样的影响？一个人应该具备怎样的个性特征（基本品质）才能够顺利实现自己的人生目标，到达成功的彼岸？

在分析实现人生重要目标的条件时，一些国外研究人员提出了一系列个体在其生活中常见的个性特征（基本品质），他们将其定义为人的美德和尊严。

这些个性特征（基本品质）被分为以下6种类别。

（1）智慧和知识：①好奇心，②热爱知识，③判断能力，④创造力，⑤沟通能力，⑥能够预见未来。

（2）勇敢精神：①勇气，②坚持不懈，③人格健全。

（3）人文主义和关爱：①善良，②关爱与被爱的能力。

（4）正义感：①集体主义，②公平，③领导素质。

（5）节制：①自我控制，②谨慎，③谦逊。

（6）超越（精神）：①美感，②感恩，③希望，④信仰，⑤宽恕，⑥幽默，⑦热情。

从以上所呈现的个性特征（基本品质）的描述中，对现在的自己进行正确评估，并构建具有能实现自我发展目标关键能力的成熟受试者的双重向量能力图（图9-2）。

从图9-2中我们可以发现，它所显示的对象为个体最重要特征的比例（值），每个向量都对应一个关键能力。由此可见，双重向量能力图是对个体实际能力和理想（期望）能力的憧憬与发展。

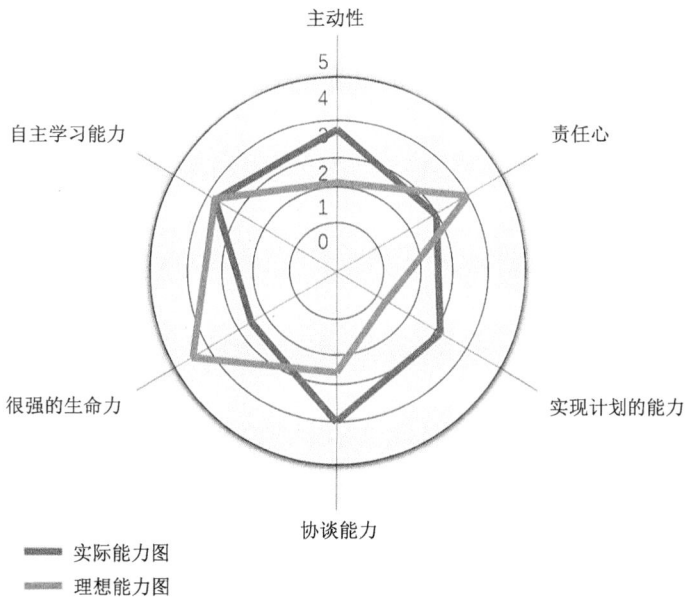

图 9-2　成熟受试者双重向量能力图

我们每一个人在人生的成长过程中，为了实现某一人生发展阶段的重要目标时，由于生活环境的复杂性、问题情境的多元性等缘故，需要重构自己的双重向量能力图，以便使自己具备实现人生重要目标的必备条件——关键的个性特征（基本品质）。

9.2.4.3　制订人生发展计划

德·梅·安东尼（Энтони Де Мелло）在《一分钟的愚蠢》中讲到，一个小男孩问电工："叔叔，什么是电？"电工回答说："孩子，我不知道什么是电。但是，我可以让电给你带来光明。"每每想起这个小故事，都会引起作者深深的思考，带来教育的启示。

正如教师常常给学生讲"生涯规划"，同学们却不以为然，满脑袋都是"玩命的中学，快乐的大学"，总是觉得"我现在这个样子挺好的"，甚至会发问："我为什么需要去规划自己的人生啊？"在此，作者实实在在地告诉同学们，当你认真地制订了自己的人生发展计划——"生涯规划"，那么，它会帮助你实现自己的人生目标，给你的人生带来"光明"。

由此而知，大学生要实现自己的人生目标，就要学会制订自己的人生发展计划——"生涯规划"。下面介绍一种人生规划技术，即组织发展技术（Технологии Организационного Развития，TOP），此技术配套的人生规划卡具体内容如表9-4所示。

表9-4 人生规划卡

类别	答案
具体目标	
可用资源	
干扰因素及其来源	内在因素： 外在因素：
预防干扰策略	
标杆计划	应该做什么？
先例	
效果	
备选方案	

以下问题的内容和顺序是有效制订标杆计划的可靠基础。依据对下列问题的连续回答，通过使用组织发展技术制订人生规划。

（1）我现在遇到的主要人生问题有哪些？

（2）现在困扰我的问题是哪些？（可以依据问题的紧急度、事态的发展程度分为不同的等级：高度、中度、低度）

（3）要达到这个具体目标需要解决哪些问题？我到底想要改变什么？

（4）我为什么要改变这些？理由是什么？

（5）我想达到的具体目标是什么？自己是怎样知道的？（答案应包括可监测的关键目标或方向）

（6）要达到目标所需要的可用资源是什么？

（7）可能存在的干扰因素有哪些？哪些干扰因素来自自身？哪些干扰因素来自外部环境？

（8）如何消除这些干扰因素？（答案应该是鼓励形成纠正其行为的机制，以便在必要时获得预期结果）

（9）我期望在什么时候取得什么样的效果？（这个问题的最佳答案是编

制有5—7个标杆计划的工作时间表,时间表应该说明要达到的具体目标(效果),包含具体的成就、截止日期及负责实施的人员等)

(10)自己或其他人是否有解决类似问题的先例(经验)?

(11)计划实施的效果(期望)是什么?

(12)如果原定方案不成功,有哪些备选方案?在什么时间启用这些备选方案最有效?以及备选方案的具体计划及形式是什么?

大学生在实现人生目标的历程中,要解决的问题存在复杂的相互关系。所以,具体目标与标杆计划的构建通常被组织为有逻辑顺序的步骤,每一个步骤都是寻找某些规定问题的答案。组织发展技术正如我们长期实践的结果那样,可以解决序列问题的构建与组织,是大学生制订人生规划的有效工具。

Ψ9.3 心理测试

霍兰德职业兴趣测试

1. 量表说明

《霍兰德职业兴趣测试》是由美国约翰·霍普金斯大学心理学教授,美国著名职业指导专家约翰·霍兰德(John Holland)编写。他于1959年提出了具有广泛社会影响的职业兴趣理论,认为人的人格类型、兴趣与职业密切相关,兴趣是人们活动的巨大动力,凡是与人们职业兴趣相匹配的职业,都可以提高人们的积极性,促使人们积极地、愉快地从事该职业。职业兴趣与人格也存在很高的相关性。霍兰德认为人格可分为现实型、研究型、艺术型、社会型、企业型和常规型6种,主要从兴趣的角度出发来探索职业指导的问题。《霍兰德职业兴趣测试》被作为职业兴趣的测查工具而广泛使用,在职业指导和职业咨询的实际操作中起到了促进作用。

测评结果中,最高分数的类型即第一位是主要类型,排在后两位的类型可按照各种类型之间存在的一致、相近、排斥和中性四种关系进行一定的推断与验证。如第一位是艺术型,第二位是社会型或研究型的职业兴趣也是可以考虑用来求职的;若是常规型则说明兴趣类型方面有一定的冲突,需要其他的测评或指导。

以下列举10个题目供参考。

2. 心理测试题

本问卷共90道题目，每道题目是一个陈述句，请你根据自己的真实情况对这些陈述句进行评价，如果符合实际情况就在相应的题目后的"是"下面打"√"，否则在"否"下面打"×"，不要漏答。

题目	是	否
1. 强壮而敏捷的身体对我很重要		
2. 我必须彻底地了解事情的真相		
3. 我的心情受音乐、色彩和美丽事物的影响极大		
4. 和他人的关系丰富了我的生命并使它有意义		
5. 我自信会成功		
6. 我做事必须有清楚的指引		
7. 我擅长自己制作、修理东西		
8. 我可以花很长的时间去想通事情的道理		
9. 我重视美丽的环境		
10. 我愿意花时间帮别人解决个人危机		

Ψ9.4 心理拓展训练

1. 自我剖析

绘制实现自己人生目标计划有效路径的网络图，如图9-3所示。

2. 小组讨论与分享

（1）谈一谈你现在遇到的主要人生问题有哪些？你会采用哪些方法或策略解决这些问题？

（2）你解决问题时可能存在的干扰因素有哪些？有哪些干扰因素来自你自身？有哪些干扰因素来自外部环境？

（3）你的人生目标是什么？为什么？

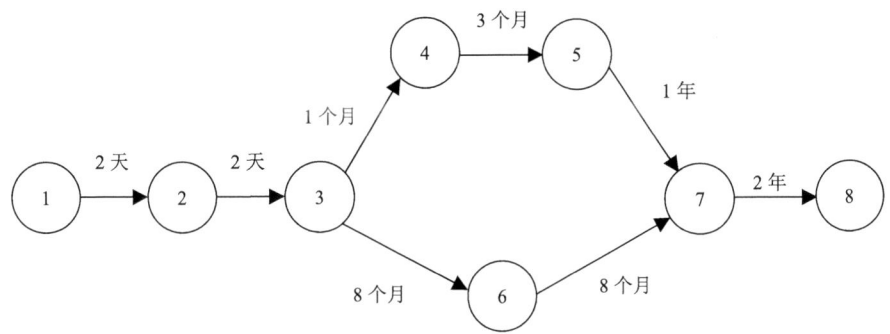

图 9-3 人生目标计划有效路径的网络图

3. 感悟与收获

请同学们写一写通过对本章内容的学习与了解，你最大的感悟是什么？你最大的收获是什么？

4. 我的人生发展规划书

请同学们依据自己的实际情况，制订出适合个人发展的、可行的人生发展规划书——生涯规划书。

参 考 文 献

蔡元培，1997. 蔡元培全集[M]. 杭州：浙江教育出版社.

陈春莲，2011. 论安全安全教育视野下的大学生心理危机干预[J]. 现代教育科学，(2)：96-97.

陈福侠，樊富珉，2014. 大学新生学校适应、心理弹性与心理健康的关系[J]. 中国健康心理学杂志，(12)：1894-1896.

陈家麟，2002. 学校心理健康教育[M]. 北京：教育科学出版社.

陈明龙，陈庆健，2003. 高校心理健康教育的现状及对策研究[J]. 杭州医学高等专科学校学报，24(2)：89-90.

陈先建，2005. 构建大学生心理健康教育综合工作体系的实践和探索[J]. 广西教育学院学报，(3)：47-49.

陈晓，徐菲，林绚晖，2012. 大学新生自我同一性及其与学校适应的关系[J]. 中国健康心理学杂志，20(2)：257-261.

褚澄，2000. 关于高校新生生活适应能力的调查[J]. 健康心理学杂志，8(5)：520-521

崔红卫，2007. 大学生心理危机干预及其对策研究[J]. 兵团教育学院学报，17(3)：37-39.

戴尔，2007. 你的误区：如何摆脱负面思维掌控你的生活[M]. 崔京瑞，王南，译. 北京：群言出版社.

段鑫星，程婧，2006. 大学生心理危机干预[M]. 北京：科学出版社.

方晓义，沃建中，蔺秀云，等，2005.《中国大学生适应量表》的编制[J]. 心理与行为研究，3(2)：95-101.

房娟，2014. 因果心理诊断法在中小学心理健康教育中的应用研究[C]. 广州：中国心理学会学校心理学专业委员会2014年学术年会论文集.

高留才，2010. 大学生心理危机的成因及其防治策略[J]. 学校党建与思想教育，(28)：66-67.

高玉祥，1997. 健全人格及其塑造[M]. 北京：北京师范大学出版社.

顾思九，陈文娟，黄步琪，等，1995. 大学生学习心态调查研究[J]. 青年研究，(3)：27-30.

郭金山，2003. 西方心理学自我同一性概念的解析[J]. 心理科学进展，11(2)：227-234.

郭金山，车文博，2004. 大学生自我同一性状态与人格特征的相关研究[J]. 心理发展与教育，2：51-55.

韩晓峰，郭金山，2004. 论自我同一性概念的整合[J]. 心理学探新，2：7-11.

何文秋，程宇，2005. 大学生心理适应教育[J]. 当代青年研究，(6)：13-15.

何元庆，姚本先，2005. 构建高校大学生心理危机干预系统初探[J]. 教育与职业，(5)：55-57.

胡启先，等，1999. 当代大学生社会心理问题及其对策[M]. 南昌：江西人民出版社.

黄希庭，2002. 人格心理学[M]. 杭州：浙江教育出版社.

黄新华，2005. 试析大学生心理健康保障网络的构建与完善[J]. 当代教育论坛，(13)：139-140.

贾晓波，2001. 心理适应的本质与机制[J]. 天津师范大学学报（社会科学版），(1)：19-23.

江春生，2012. 大学生心理健康教育[M]. 北京：国家行政学院出版社.

姜土生，邓卓明，2013. 大学生心理危机类型分析[J]. 当代青年研究，(2)：98-103.

金惠铭，王建枝，2005. 病理生理学[M]. 第 6 版. 北京：人民卫生出版社.

金英，2009. 大学生健全人格的培养[J]. 中国冶金教育，(2)：63-65.

寇彧，唐玲玲，2004. 心境对亲社会行为的影响[J]. 北京师范大学学报（社会科学版），(5)：44-49.

李东方，2008. 大学生心理健康量表的编制[D]. 武汉：华中科技大学.

李明忠，2006. 美国一流大学心理健康教育工作的特色分析[J]. 比较教育研究，27(1)：34-38.

李雪平，2004. 对心理健康标准的解析[J]. 西华师范大学学报（哲学社会科学版），(5)：104-107.

林邦杰，1986. 田纳西自我概念量表指导手册[M]. 第 3 版. 台北：正升教育科学社.

林静，刘航潮，2005. 大学生心理健康协会的作用与建设[J]. 湖南科技学院学报，26(8)：213-214.

林文毅，张丹玲，2006. 焦虑情绪的认知加工研究：加工效能理论研究综述[J]. 河海大学学报（哲学社会科学版），8(1)：26-28.

蔺桂瑞，2014. 五级机制：高校心理危机预防干预工作的创新[J]. 广东青年职业学院学报，28(2)：60-63.

蔺桂瑞，2016. 大学生心理素质教育研究[M]. 北京：北京交通大学出版社.

刘华山，2001. 心理健康概念与标准的再认识[J]. 心理科学，24(4)：481.

楼仁功，潘娟华，2006. 大学生心理危机预防与干预机制探究[J]. 中国高教研究，(6)：52-53.

卢国华，梁宝勇，2008. 坚韧人格量表的编制[J]. 心理与行为研究，6(2)：103-106.

马建青，等，2011. 大学生心理危机干预的理论与实务[M]. 杭州：杭州出版社.

马克思, 恩格斯, 1972. 马克思恩格斯选集(第1卷)[M]. 中共中央马克思恩格斯列宁斯大林著作编译局, 译. 北京: 人民出版社.

马坤, 2009. 当代大学生的心理危机干预[J]. 思想教育研究, (S1): 144-146.

马斯洛, 1987. 存在心理学探索[M]. 李文湉, 译. 昆明: 云南人民出版社.

梅里亚姆-韦伯斯特公司, 2000. 韦氏词典[M]. 北京: 世界图书出版公司.

孟昭兰, 2005. 情绪心理学[M]. 北京: 北京大学出版社.

钱伟长, 1987. 和大学生谈学习方法[J]. 高等教育研究, (2): 17-23.

茹阳, 李凤芹, 2007. 大学生自我意识的矛盾冲突及调试[J]. 辽宁教育行政学院学报, 24(5): 149-151.

邵昌玉, 2009. 大学生心理危机及干预机制的探究[J]. 中华文化论坛, (s1): 173-175.

申继亮, 陈英和, 2014. 中国教育心理测评手册[M]. 北京: 高等教育出版社.

沈永江, 2006. 大学生心理危机干预研究[J]. 江苏第二师范学院学报, 21(2): 39-41.

师晓宁, 刘晓红, 徐燕, 等, 2003. 心理测验在我国大学生心理健康评价中的应用现状及存在问题[J]. 中国健康心理学杂志, 11(4): 281-283.

首都师范大学大学生思想政治教育理论与实践创新课题组, 2007. 探求与建构[M]. 北京: 首都师范大学出版社.

唐闻捷, 2004. 应对大学生心理危机的方法探索[J]. 中国高教研究, (7): 80-81.

童俊, 2008. 人格障碍的心理咨询与治疗[M]. 北京: 北京大学医学出版社.

汪向东, 等, 1999. 心理卫生评定量表手册[M]. 增订版. 北京: 中国心理卫生杂志社.

王才康, 2001. 考试焦虑量表在大学生中的测试报告[J]. 中国心理卫生杂志, 15(2): 96-97.

王建中, 2001. 大学生心理健康教育的途径与方法[C]//中国心理卫生协会大学生心理咨询专业委员会. 全国大学生心理健康教育与心理咨询学术交流会暨专业委员会成立十周年纪念大会.

王建中, 宫辉, 2016. 大学生心理健康教育研究[M]. 西安: 西安交通大学出版社.

王倩, 2005. 大学生自我同一性的发展特点及其与心理健康的关系研究[D]. 长春: 东北师范大学.

王淑珍, 王有智, 2007. 焦虑与执行功能子成分关系的实验研究[J]. 西北大学学报(哲学社会科学版), 37(2): 125-128.

王欣, 张月娟, 翟红娟, 等, 2005. 大学生心理健康量表的编制和信效度研究[J]. 中国临床心理学杂志, 13(1): 28-30.

温忠麟, 张雷, 侯杰泰, 等, 2004. 中介效应检验程序及其应用[J]. 心理学报, 36(5): 614-620.

肖三蓉, 陈玉民, 李汉武, 2011. 大学生心理危机主动介入管理模式分析[J]. 中国学校卫生, 32(1): 94-95.

肖卫, 2002. 卡耐基人生测试全书: 认识自我的心理法则[M]. 北京: 光明日报出版社.

谢安娜, 李梅, 杨蕴萍, 2016. 大学新生学校适应与自我同一性的关系[J]. 心理学进展, 6(4): 490-498.

谢君, 2005. 大学生心理危机成因与干预防护网[J]. 求索, (2): 144-145.

徐红红, 洪炜, 2007. 188 名医学新生的自我同一性及其与人格、心理健康的相关性[J]. 中国心理卫生杂志, 21(11): 743-746.

许之屏, 2007. 我国大学生心理健康教育现状和发展对策研究[J]. 成都体育学院学报, 33(5): 113-116.

许志红, 2007. 大学生心理危机预警机制研究[J]. 教育探索, (12): 117-119.

杨波, 1999. 中国人的人格结构[M]. 北京: 新华出版社.

杨洁, 2006. 学院制下构建大学生心理危机干预的实践和探索[J]. 甘肃科技纵横, 35(2): 149.

杨鹏, 杨懿, 吴彩霞, 等, 2015. 基于微博平台的大学生心理危机识别及干预研究[J]. 科教文汇, (12): 141-142.

杨伊生, 王润平, 2010. 自助与成长: 大学生心理健康教育（师范版）[M]. 北京: 教育科学出版社.

叶景山, 2006. 大学生自我同一性、自尊与心理健康的相关研究[J]. 中国学校卫生, 27(10): 896-897.

张景莹, 1986. 大学心理学[M]. 北京: 清华大学出版社.

张日昇, 徐洁, 张雯, 2008. 心理咨询与治疗研究中的质性研究[J]. 心理科学, 31(3): 681-684.

章成斌, 2005. 高校学生心理危机干预能力面临的挑战[J]. 教育探索, (2): 102-103.

曾仕强, 2008. 情绪管理[M]. 厦门: 鹭江出版社.

郑日昌, 1987. 心理测量[M]. 长沙: 湖南教育出版社.

郑日昌, 1999. 大学生心理诊断[M]. 济南: 山东教育出版社: 199-201.

郑日昌, 邓丽芳, 张忠华, 等, 2005. 《中国大学生心理健康量表》的编制[J]. 心理与行为研究, 3(2): 102-108.

郑雪, 2001. 人格心理学[M]. 广州: 暨南大学出版社.

周红梅, 2006. 大学生自我同一性与心理健康关系的研究[D]. 武汉: 华中师范大学.

周红梅，郭永玉，柯善玉，2008. 大学生自我同一性过程问卷编制[J]. 中国临床心理学杂志，16(1)：9-12.

朱美燕，2011. 大学生心理危机干预的发展趋向[J]. 教育评论，(2)：70-73.

朱韶秦，2006. 大学生适应性量表（CAS）的修订及应用研究[D]. 重庆：西南大学.

卓高生，吴志敏，2009. 大学生心理危机发生源考察及干预研究[J]. 理论月刊，(12)：179-181.

Derogatis L R，Yevzeroff H，Wittelsberger B，1975. Social class, psychological disorder, and the nature of the psychopathologic indicator[J]. J Consult Clin Psychol，43(2)：183-191.

Myers D G，2006. 社会心理学[M]. 第8版. 张志勇，乐国安，侯玉波，等译. 北京：人民邮电出版社.

Myers D G，2011. 心理学[M]. 黄希庭，等译. 北京：人民邮电出版社.

Robins L N，Regier D A，1991. Psychiatric disorders in America: the epidemiologic catchment area study[M]. New York：The Free Press.

Shryack J，Steger M F，Krueger R F, et al.，2010. The structure of virtue: an empirical investigation of the dimensionality of the virtues in action inventory of strengths[J]. Personality & Individual Differences，48(6)：714-719.

Wyttenbach D C，2008. Relationship of parental attachment and identity status to college student adjustment[D]. Minneapolis，MN：The University of Minnesota.

Андреева Д А，2003. О понятии адаптации. Исследование адаптации студентов к условиям учебы в вузе[J]. Человек и общество，Вып. XI-II.- M.：459.

Бакштанский В Л，Жданов О И，2008. Менеджмент жизни：Стратегия личной эффективности[J]. Беловодье：464.

Батаршев А В，2000. Психология индивидуальных различий：от темперамента—к характеру и типологии личности[М]//Батаршев А В. Гуманит. Изд. Центр ВЛАДОС：256.

Бен-Шахар Т，2009. Научиться быть счастливым[М]. Минск：Попурри：240.

Березин Ф Б，2005. Психическая и психофизиологическая адаптация человека[J]. Наука：389.

Бонивелл И，2009. Ключи к благополучию：Что может позитивная психология[J]. Время：192.

Бояцис Р，Гоулман Д，Макки Э，2008. Эмоциональное лидерство：Искусство управления людьми на основе эмоционального интеллекта[J]. Альпина Бизнес Букс：301.

Гарднер Г，2008. Великая пятерка：Мыслительные стратегии, ведущиек успеху[J]. Альпина

Бизнес Букс：155.

Гордашников В А，Осин А Я，2009. Образование и здоровье студентов медицинского колледжа[M]. Издательство：Академия Естествознанияг.

Гордеева Т О，Осин Е Н，Шевяхова В Ю，2009. Диагностика оптимизмакак стиля объяснения успехов и неудач[J]. Смысл：152.

Гоулман Д，2010a. Эмоциональный интеллект[R]. АСТ：АСТ МОСКВА：478.

Гоулман Д，2010b. Эмоциональный интеллект на работе[R]. АСТ：АСТ МОСКВА：476.

Кляйн С，2009. Формула счастья. Как настроится на позитивный лад[J]. ОЛМА Медиа Групп：352.

Кляйн С，2010. Секрет удачи. Как научиться властвовать над случаем[J]. ОЛМА Медиа Групп：352.

Кови С，2008a. Восьмой навык：от эффективности к величию[J].Альпина Бизнес Букс：408.

Кови С，2008b. Главное внимание - главным вещам[J]. Альпина Бизнес Букс：324.

Кови С，2008c. Лидерство，основанное на принципах[J]. Альпина Бизнес Букс：302.

Кови С，2008d. Семь навыков высокоэффективных людей[J]. Альпина Бизнес Букс：374.

Кузес Д，Познер Б，2009a. Вызов лидерства[J]. Изд-во Юрайт：429.

Кузес Д，Познер Б，2009b. Наследие лидера[J]. Изд-во Юрайт：170.

Кэнфилд Д，Свитцер Д，2009. Думать и богатеть! Правила успеха[J]. Эксмо：560.

Яницкнй М С，2005. Адаптационный процесс：психологические механизмы и закономерности динамики[D]. Кемерово：Кемеровский государственный университет：336.

Огнев А С，2009. Психология субъектогенеза личности[M]. МГГУ：192.

Огнев А С，Гончар С Н，Казаков К А，2012. Жизненная навигация в системе высшего образования[M]//Шолохова М А. Серия Психология и педагогика. МГГУ：99-111.

Питерс Т，2006. Лидерство. Основы[D]. Стокгольме：Стокгольмская школа экономики：60.

Резника С Д，2010. Персональный менеджмент / Под общ[J]. ИНФРА-М.：256.

Рогов Е И，2001. Психология человека[M]//Гуманит. изд. центр ВЛАДОС：320.

Селигман М，2010. В поисках счастья. Как получать от жизни удовольствие каждый день[M]. Манн：Иванов и Фербер：320.

Сигер Р，2008. Проснись победителем! [J]. Эксмо：256.

Слоун К，2009. Умнее，быстрее，лучше：Стратегии эффективного и успешного лидерства[J].

Изд-во Юрайт: 295.

Теплов Б М, 2002. Типологические свойства нервной системы и их значение для психологии[M]// Психология индивидуальных различий: Изд, Центр ВЛАДОС: Гуманит: 385.

Томас Р, 2009. Испытание лидерства: Опыт, ведущий к мастерству[J]. Изд-во Юрайт: 324.

Фридман С, 2009. Совершенное лидерство[J]. Изд-во Юрайт: 251.

附录 1　普通高等学校学生心理健康教育工作基本建设标准（试行）

教育部办公厅关于印发《普通高等学校学生心理健康教育工作基本建设标准（试行）》的通知

教思政厅〔2011〕1号

各省、自治区、直辖市党委教育工作部门、教育厅（教委），新疆生产建设兵团教育局，有关部门（单位）教育司（局），部属各高等学校：

为深入贯彻落实全国教育工作会议、教育规划纲要以及全国加强和改进大学生思想政治教育工作座谈会精神，进一步深入贯彻落实《中共中央 国务院关于进一步加强和改进大学生思想政治教育的意见》（中发〔2004〕16号），推进大学生心理健康教育工作科学化建设，现将《普通高等学校学生心理健康教育工作基本建设标准（试行）》印发给你们，请结合本地本校实际情况，认真贯彻执行。

本标准自印发之日起试行，适用于普通高等学校，其他类型高校可参照执行。各地各校制定的实施方案和政策措施请及时报送我部思想政治工作司。

教育部办公厅
二〇一一年二月二十三日

普通高等学校学生心理健康教育工作基本建设标准（试行）

加强和改进大学生心理健康教育是新形势下贯彻落实全国教育工作会议和《国家中长期教育改革和发展规划纲要（2010—2020年）》精神，促进大学生健康成长、培养造就拔尖创新人才的重要途径，是全面贯彻党的教育方针、建设人力资源强国的重要举措，是推动高等教育改革、加强和改进大学生思想政治教育的重要任务。为推进大学生心理健康教育工作科学化建设，根据《中共中央 国务院关于进一步加强和改进大学生思想政治教育的意见》（中发〔2004〕16号）和《教育部 卫生部 共青团中央关于进一步加强和改进大学生心理健康教育的意见》（教社政〔2005〕1号）等文件精神，特制订本标准。

一、大学生心理健康教育体制机制建设

1. 高校应将大学生心理健康教育纳入学校人才培养体系。应成立专门工作领导小组，指定主管校领导负责，心理健康教育和咨询机构、学生工作部门、宣传部门、教务部门、人事部门、财务部门、安全保卫部门、后勤保障服务部门、校医院以及各院（系）、研究生院和相关学科教学研究单位等负责人为成员，负责研究制订大学生心理健康教育工作的规划和相关制度，统筹领导全校大学生心理健康教育工作。党委常委会或校长办公会应定期听取专门工作汇报，研究部署工作任务，解决存在的问题。

2. 高校应有健全的校、院（系）、学生班级三级心理健康教育工作网络，各级各部门应有明确的职责分工和协调机制。学校应有机构负责大学生心理健康教育和咨询，纳入学校思想政治教育工作体系，具体组织协调开展全校学生心理健康教育工作；院（系）应安排专兼职教师负责落实心理健康教育工作；组织学生班委会、党团支部等学生组织积极协助辅导员、班主任和研究生导师开展心理健康教育工作。

3. 高校应根据实际情况，研究制订大学生心理健康教育工作的意见或实施办法。应建立考核、奖惩机制，制订年度工作计划。

4. 高校应围绕心理健康教育和咨询机构的规范管理、心理危机预防与干

预、心理咨询工作流程、心理健康教育课程教学、心理健康教育从业者职业道德规范等内容，建立健全各项规章制度。

二、大学生心理健康教育师资队伍建设

5. 高校应建设一支以专职教师为骨干，专兼结合、相对稳定、素质较高的大学生心理健康教育和心理咨询工作队伍。高校应按学生数的一定比例配备专职从事大学生心理健康教育的教师，每校配备专职教师的人数不得少于2名，同时可根据学校的实际情况配备兼职教师。

6. 高校应将大学生心理健康教育师资队伍建设纳入学校整体教师队伍建设工作中，加强选拔、配备、培养和管理。从事大学生心理健康教育的教师，特别是直接从事心理咨询服务的教师，应具有从事大学生心理健康教育的相关学历和专业资质。专职教师的专业技术职务评聘应纳入大学生思想政治教育教师队伍序列，设有教育学、心理学、医学等教学研究机构的学校，也可纳入相应专业序列。专兼职教师开展心理辅导和咨询活动应计算相应工作量。

7. 高校应重视大学生心理健康教育专兼职教师的专业培训工作，将师资培训工作纳入年度工作计划和年度经费预算。应保证心理健康教育专职教师每年接受不低于40学时的专业培训，或参加至少2次省级以上主管部门及二级以上心理专业学术团体召开的学术会议。适时安排从事大学生心理咨询的教师接受专业督导。应支持大学生心理健康教育教师结合实际工作开展科学研究。

8. 高校所有教职员工都负有教育引导学生健康成长的责任，要着力构建和谐、良好的师生关系，强化大学生心理健康教育的全员参与意识。学校应将心理健康教育内容纳入新进教师岗前培训课程体系。辅导员、班主任、研究生导师是大学生心理健康教育工作的重要力量，每年应为他们至少组织一次心理健康教育专题培训。应对学生宿舍管理员等后勤服务人员开展相关常识培训。

三、大学生心理健康教育教学体系建设

9. 高校应充分发挥课堂教学在大学生心理健康教育工作中的主渠道作用，根据心理健康教育的需要建立或完善相应的课程体系。学校应开设

必修课或必选课，给予相应学分，保证学生在校期间普遍接受心理健康课程教育。

10. 高校应充分考虑学生的心理发展规律和特点，科学规范大学生心理健康教育课程的教学内容，切实改进教育教学方法。应有专门的教学大纲或教学基本要求。教学内容设计应注重理论联系实际，力求贴近学生。应通过案例教学、体验活动、行为训练等多种形式提高课堂教学效果，通过教学研究和改革不断提升教学质量。

四、大学生心理健康教育活动体系建设

11. 高校应面向全体学生开展心理健康教育活动，不断创新心理健康教育活动形式，拓展心理健康教育途径，积极营造良好的心理健康教育氛围。

12. 高校应通过广播、电视、校刊等多种媒介，积极开展心理健康教育宣传活动，应重视心理健康教育网络平台建设，开办专题网站（网页），充分开发利用网上教育资源。

13. 高校应充分发挥广大学生在心理健康教育工作中的主体作用，满足学生自我成长的心理需要。应重视发挥班集体建设在大学生心理健康教育中的重要作用，支持学生成立心理社团，组织开展心理健康教育活动，普及心理健康知识，充分调动学生自我认识、自我教育、自我成长的积极性、主动性。

五、大学生心理咨询服务体系建设

14. 高校应根据行业要求设立心理咨询室，为学生提供心理咨询服务。有条件的高校可在院（系）及学生宿舍设立心理健康教育辅导室。心理咨询室开放的时间应能满足学生的咨询需求。

15. 高校应加强心理咨询制度建设，遵循心理咨询的伦理规范，保证心理咨询工作按规定有效运行。应建立健全心理咨询的值班、预约、重点反馈等制度。应加强心理咨询个案记录与档案管理工作，坚持保密原则，按规定严格管理心理咨询记录和有关档案材料。应定期开展心理咨询个案的研讨与督导活动，不断提高心理咨询的专业水平。

16. 高校应通过多种途径开展心理咨询服务。应经常开展团体辅导活动，针对不同学生群体的需求，研究制订相应的团体辅导计划和实施方案，努力帮助学生解决心理问题，促进健康发展。应向全校学生公布心理健康教育和咨询机构的咨询信箱、咨询电话和网址。有条件的学校可提供网上咨询预约和网络咨询服务。

六、大学生心理危机预防与干预体系建设

17. 高校应坚持预防为主的原则，重视心理健康知识的普及宣传工作，充分发挥心理健康教育工作网络的作用，通过新生心理健康状况普查、心理危机定期排查等途径和方式，及时发现学生中存在的心理危机情况。学校要对有较严重心理障碍的学生予以重点关注，并根据心理状况及时加以疏导和干预。应加强对患精神疾病学生康复及康复后的关注跟踪。

18. 高校应制订心理危机干预工作预案，明确工作流程及相关部门的职责。应积极在院（系）、学校心理健康教育和咨询机构、校医院、精神疾病医疗机构等部门之间建立科学有效的心理危机转介机制。有条件的高校可在校医院设立精神科门诊，或聘请精神专科职业医师到校医院坐诊。对有较严重障碍性心理问题的学生，应及时指导学生到精神疾病医疗机构就诊；对有严重心理危机的学生，应及时通知其法定监护人，协助监护人做好监控工作，并及时将学生按有关规定转介给精神疾病医疗机构进行处理。转介过程应详细记录，做到有据可查。

19. 高校应按照有关规定做好心理危机事件善后工作，应重视对危机事件当事人及其相关人员提供支持性心理辅导，最大程度地减少危机事件的负面影响。应及时总结经验教训，提高师生对心理危机事件的认识以及应对心理危机的能力。

七、大学生心理健康教育工作条件建设

20. 高校应保障心理健康教育工作经费，并纳入学校预算，确保大学生心理健康教育的日常工作需要。

21. 高校应加强心理健康教育和咨询场地建设。心理健康教育和咨询场地

的建设应符合大学生心理健康教育工作的特点和要求，能够满足学生接受教育和咨询的需求。心理健康教育和咨询场地包括预约等候室、个体咨询室、团体辅导室、心理测评室等。

22. 高校应为心理健康教育和机构配备必要的办公设备、常用心理测量工具、统计分析软件和心理健康类书籍等心理健康教育产品。

附录2 高等学校学生心理健康教育指导纲要

信息名称：中共教育部党组关于印发《高等学校学生心理健康教育指导纲要》的通知

信息索引：360A12-04-2018-0015-1

生成日期：2018-07-06

发文机构：中共教育部党组

发文字号：教党〔2018〕41号　　信息类别：教育综合管理

内容概述：中共教育部党组印发《高等学校学生心理健康教育指导纲要》。

中共教育部党组关于印发
《高等学校学生心理健康教育指导纲要》的通知

教党〔2018〕41号

各省、自治区、直辖市党委教育工作部门、教育厅（教委），新疆生产建设兵团教育局，部属各高等学校党委、部省合建各高等学校党委：

《高等学校学生心理健康教育指导纲要》已经部党组会议审议通过，现印发给你们，请结合实际认真贯彻执行。有关落实情况，请及时报告我部思想政治工作司。

中共教育部党组

2018年7月4日

高等学校学生心理健康教育指导纲要

心理健康教育是提高大学生心理素质、促进其身心健康和谐发展的教育，是高校人才培养体系的重要组成部分，也是高校思想政治工作的重要内容。为深入学习贯彻习近平新时代中国特色社会主义思想和党的十九大精神，推动全国高校思想政治工作会议精神落地生根，切实加强高校思想政治工作体系建设，进一步提升心理育人质量，根据原国家卫生计生委、教育部等22部门联合印发的《关于加强心理健康服务的指导意见》和中共教育部党组《高校思想政治工作质量提升工程实施纲要》的工作要求，特制定本指导纲要。

一、指导思想

深入学习贯彻习近平新时代中国特色社会主义思想，全面贯彻党的教育方针，把立德树人的成效作为检验学校一切工作的根本标准，着力培养德智体美全面发展的社会主义建设者和接班人。坚持育心与育德相统一，加强人文关怀和心理疏导，规范发展心理健康教育与咨询服务，更好地适应和满足学生心理健康教育服务需求，引导学生正确认识义和利、群和己、成和败、得和失，培育学生自尊自信、理性平和、积极向上的健康心态，促进学生心理健康素质与思想道德素质、科学文化素质协调发展。

二、总体目标

教育教学、实践活动、咨询服务、预防干预"四位一体"的心理健康教育工作格局基本形成。心理健康教育的覆盖面、受益面不断扩大，学生心理健康意识明显增强，心理健康素质普遍提升。常见精神障碍和心理行为问题预防、识别、干预能力和水平不断提高。学生心理健康问题关注及时、措施得当、效果明显，心理疾病发生率明显下降。

三、基本原则

——科学性与实效性相结合。根据学生身心发展规律和心理健康教育规律，科学开展心理健康教育工作，逐步完善心理健康教育和咨询服务体系，切实提高学生心理健康水平，有效解决学生思想、心理和行为问题。

——普遍性与特殊性相结合。坚持心理健康教育工作面向全体学生开展，对每个学生心理健康发展负责，关注学生个体差异，注重方式方法创新，分层分类开展心理健康教育，满足不同学生群体心理健康服务需求。

——主导性与主体性相结合。充分发挥心理健康教育教师、心理咨询师、辅导员、班主任等育人主体的主导作用，强化家校育人合力。尊重学生主体地位，充分调动学生主动性、积极性，培养自主自助维护心理健康的意识和能力。

——发展性与预防性相结合。加强心理健康知识的普及和传播，充分挖掘学生心理潜能，培养积极心理品质，促进学生身心和谐发展。重视心理问题的及时疏导，加强心理危机预防干预，最大限度预防和减少严重心理危机个案的发生。

四、主要任务

1. 推进知识教育。健全心理健康教育课程体系，结合实际，把心理健康教育课程纳入学校整体教学计划，规范课程设置，对新生开设心理健康教育公共必修课，大力倡导面向全体学生开设心理健康教育选修和辅修课程，实现大学生心理健康教育全覆盖。公共必修课程原则上应设置2个学分、32—36个学时。完善心理健康教育教材体系，组织编写大学生心理健康教育示范教材，科学规范教学内容。开发建设《大学生心理健康》等在线课程，丰富教育教学形式。创新心理健康教育教学手段，有效改进教学方法，通过线下线上、案例教学、体验活动、行为训练、心理情景剧等多种形式，激发大学生学习兴趣，提高课堂教学效果，不断提升教学质量。

2. 开展宣传活动。加强宣传普及，通过举办心理健康教育月、"5·25"大学生心理健康节等形式多样的主题教育活动，组织开展各种有益于大学生身心健康的文体娱乐活动和心理素质拓展活动，不断增强心理健康教育吸引力和感染力。拓展传播渠道，充分利用广播、电视、书刊、影视、动漫等传播形式，组织创作、展示心理健康宣传教育精品和公益广告，传播自尊自信、乐观向上的现代文明理念和心理健康意识。创新宣传方式，主动占领网络心理健康教育新阵地，建设好融思想性、知识性、趣味性、服务性于一体的心理健康教育网站、网页和新媒体平台，广泛运用门户网站、微信、微博、手机客户端等媒介，宣传心理健康知识，倡导健康生活方式，提高心理保健能力。发挥学生主体作用，支持学生成立心理健康教育社团，组织开展心理健康教育活动，增长心理健康知识，提升心理调适能力，积极进行心理健康自助互助。强化家校育人合力，引导家长树立正确教育观念，以健康和谐的家庭环境影响学生，有效提升心理健康教育实效。

3. 强化咨询服务。优化心理咨询服务平台，加强硬件设施建设，设立心理发展辅导室、心理测评室、积极心理体验中心、团体活动室、综合素质训练室等，积极构建教育与指导、咨询与自助、自助与他助紧密结合的心理健康教育与咨询服务体系。完善体制机制，健全心理健康教育与咨询的值班、预约、转介、重点反馈等制度，通过个体咨询、团体辅导、电话咨询、网络咨询等多种形式，向学生提供经常、及时、有效的心理健康指导与咨询服务。实施分类引导，针对不同学段、不同专业学生，精准施策，因材施教，把解决思想问题、心理问题与解决实际问题结合起来，在关心呵护和暖心帮扶中开展教育引导。遵循保密原则，建立心理健康数据安全保护机制，保护学生隐私，杜绝信息泄露。

4. 加强预防干预。完善心理测评方式，优化量表选用，禁止使用可能损害学生心理健康的方法和仪器。科学分析经济社会快速发展、互联网新媒体应用快速推进、个人成长历程、家庭环境等因素对学生心理健康的深刻影响，准确把握学生心理健康状况及变化规律，不断提高心理健康素质测评覆盖面和科学性。健全心理危机预防和快速反应机制，建立学校、院系、班级、宿舍"四级"预警防控体系，完善心理危机干预工作预案，做好对心理危机学生的跟踪服务，注重做好特殊时期、不同季节的心理危机预防与干预工作，定期开展案例督导和个案研讨，不断提高心理危机预防干预专业水平。建立心理危机转介诊疗机制，畅通从学校心理健康教育与咨询机构到校医院、精神卫生专业机构的心理危机转介绿色通道，及时转介疑似患有严重心理或精神疾病的学生到专业机构接受诊断和治疗。

五、工作保障

1. 队伍建设。各高校要建设一支以专职教师为骨干、以兼职教师为补充，专兼结合、专业互补、相对稳定、素质良好的心理健康教育师资队伍。心理健康教育专职教师要具有从事大学生心理健康教育的相关学历和专业资质，要按照师生比不低于1∶4000配备，每校至少配备2名。心理健康教育师资队伍原则上应纳入高校思想政治工作队伍管理，要落实好职务（职称）评聘工作。设有教育学、心理学教学机构的高校，可同时纳入相应专业队伍管理。积极组织开展师资队伍培训，保证心理健康教育专职教师每年接受不低于40学时的专业培训，或参加至少2次省级以上主管部门及二级以上心理学专业学术团体召开的学术会议。充分调动全体教职员工参与心理健康教育的主动性和积极性，重视对班主任、辅导员以及其他从事高校思想政治工作的干部、教师开展心理健康教育知识培训。

2. 条件保障。各高校应落实心理健康教育专项工作经费，配备必要的办公场地和设备。有条件的高校，要建立相对独立的心理健康教育与咨询机构和院（系）二级心理辅导站。要建设校内外心理健康教育素质拓展基地，培育高校心理健康教育优秀工作案例，辐射推动区域和全国高校心理健康教育工作。

六、组织实施

1. 组织管理。各级教育工作部门要切实加强对学生心理健康教育工作的统一领导和统筹规划，积极支持开展大学生心理健康教育工作，要将心理健康教育工作作为高校思想政治工作测评和文明校园创建的重要内容。各高校要将心理健康教育纳入学校改革发展整体规划，纳入人才培养体系、思想政治工作体系和督导评估指标体系。要明确心理健康教育工作牵头负责职能部门，构建校内各部门统筹协调机制，研究制定心理健康教育的工作规划和相关制度。

2. 评估督导。各级教育工作部门要研究制定大学生心理健康教育工作的评价与督导指标体系，组织或委托心理学专家以及实践工作者，定期对学生心理健康教育工作开展评估、督导。评估、督导内容包括学校重视和支持程度、机构设置情况、专项经费保障、师资队伍建设、教学科研、开展辅导或咨询情况以及工作实效等。

3. 科学研究。各级教育工作部门和各高校要推动开展心理健康教育基础理论研究，逐步形成具有中国特色的心理学、教育学学科体系、学术体系、话语体系，促进研究成果转化及应用。开展心理健康教育相关理论和技术的实证研究，促进临床服务规范。开展心理健康问题的早期识别与干预研究，推广应用效果明确的心理干预技术和方法。

全国民办高校和中外合作办学类高校学生心理健康教育工作，参照本指导纲要执行。

附录3　哈佛大学推荐的 20 种保持人生快乐的方法[①]

一、Be grateful（要学会感恩）

Slow down, look around you, and pay attention to the little details in your life—the delicate purple flower on the sidewalk, the beautiful sunset, the hot shower that washes away your long day, and the smile in your partner's eyes…

让自己放慢脚步，看看你的四周，关注生活中的细微之处：人行道上淡紫色的花，美丽的日落，洗去你一天疲惫的淋浴，伴侣眼中的笑容……

When you have a grateful heart that is appreciative of life's beautify, wonder and blessings, you're automatically filled with happiness.

当你的感恩之心能够欣赏生活的美、思考和祝福，你自然就充满了幸福感。

二、Choose your friends wisely（明智地选择自己的朋友）

According to Harvard, the most important external factors affecting individual happiness are human relationships. So if you want to be happy, choose to be around people who are optimistic, who appreciate you as you are, and who can make your life richer, bigger, more fun, and more meaningful.

根据哈佛大学的研究，影响个人幸福最重要的外部因素是人际关系。所以如果你想变得开心，要选择和乐观的朋友在一起，他们能欣赏你真实的自己，让你的生活变得更丰富、快乐、有意义。

---

① 资料来源：搜狐教育。

三、Cultivate compassion（培养同理心）

When we try to step into other people's shoes and understand a situation from another's perspective，we're more likely to handle the situation with compassion，objectivity and effectiveness. There will be less conflicts and more happiness.

当我们站在别人的角度看问题，我们更能利用同理心，客观、有效地处理问题。这样生活中就会少一些冲突，多一点快乐。

四、Keep learning（不断学习）

Learning keeps us young and dreams keep us alive. When we engage our brains and put them toward productive uses，we're less likely to dwell on unhappy thoughts and much more likely to feel happy and fulfilled.

学习让我们保持年轻，梦想让我们充满活力。我们在不断学习的时候，就不大会想不开心的事情，我们会变得更开心和满足。

五、Become a problem solver（学会解决问题）

Happy people are problem solvers. When they encounter a challenge in life，they don't beat themselves up and fall into a depressive state. Instead，they face up to the challenge and channel their energies toward finding creative a solution. By becoming a problem solver，you'll build up your self-confidence and your ability to accomplish whatever it is you set your mind to－and whatever challenges life throws your way.

开心的人是会解决问题的人。在生活中遇到挑战的时候，他们不会被击垮，然后变得很消沉。相反，他们会直面挑战，调动全身力量寻找解决办法。通过成为一个解决问题的人，你将建立自信，并有能力完成你下定决心去做的事情和生活中遇到的任何挑战。

六、Do what you love（做你喜欢做的事情）

Since we spend over one-third of our adult life working，loving what we do has a huge impact on our overall happiness. If this is not possible at the moment, then try to find enjoyment and meaning in your current work, or cultivate a hobby that involves doing something you love.

既然我们成人生活的三分之一时间都在工作,那么做我们想做的事对我们的整体幸福感就有很大的影响。如果现在不能做你想做的事情,那就试着在你现在的工作中寻找快乐和意义,或者培养一个你喜爱的兴趣。

七、Live in the present（活在当下）

When you feel depressed, you're living in the past. When you feel worried or anxious, you're living in the future. But when you feel content, happy and peaceful, you're living in the present.

你感到沮丧,是因为你活在过去。你会感到担忧和焦虑,是因为你活在未来。但是当你感到满足、开心和平和时,你才是活在当下。

八、Laugh often（要经常微笑）

Laughter is the most powerful anecdote to anger or depression. Research has shown that the simple act of curving the corners of your mouth can increase your feeling of happiness. So don't take life too seriously. Try to find humor and laughter in life's everyday struggles.

笑是对抗生气或沮丧最有力的东西。研究表明简单的嘴巴上扬也可以增加你的幸福感。不要把生活看得太严肃。要学会在每日的奋斗中寻找幽默和笑声。

九、Practice forgiveness（学会原谅）

Resentment and anger are forms of self-punishment. When you forgive, you're actually practicing kindness to yourself. And most importantly, learn to forgive yourself. Everyone makes mistakes. It's through our mistakes that we learn and grow to become a bigger and better person.

憎恨和愤怒是对自我的惩罚。当你释怀的时候，事实上是在对自己施以善意。最重要的是，学会原谅自己。每个人都会犯错。通过自身的错误，我们才能学会如何成为一个更强大、更好的人。

十、Say thanks often（要经常说谢谢）

Always be appreciative of the blessings in your life. And it's equally important to express your appreciation to those who've made your life better in some way, big or small.

永远对生活中的祝福表示感激。向那些让你生活变好的人，无论大小，表达出你的感激之情也同样重要。

十一、Create deeper connections（学会深交）

Our happiness multiplies when we connect and bond with another human being on a deeper level. And being fully present and listening are two of the most important skills to strengthening that bond and bringing happiness to ourselves, and to others.

我们的幸福感会在和另一个人的深交中倍增。充分表达和倾听是加强这种关系纽带和把幸福感带给自己与别人的两个最重要的方面。

十二、Keep your agreement（守承诺）

Our self-esteem is built on the agreements we've made with ourselves. And high self-esteem has a direct correlation to happiness. So keep your agreements with others and with yourself.

我们的自尊建立在我们对自己守承诺的情况下。高自尊和幸福感有直接关联。所以要遵守自己和别人的承诺。

十三、Meditate（冥想）

According to Harvard, people who take 8 sessions of mindfulness meditation training are, on average, 20% happier than a control group. Such training can lead to structural brain changes including increased grey-matter density in the hippocampus, known to be important for learning and memory, and in structures associated with self-awareness, compassion and introspection.

根据哈佛大学统计，平均参加过8次冥想训练的人要比控制组多快乐20%。这种训练可以使大脑结构发生变化，包括海马体灰质的密度。而灰质对学习和记忆而言很重要，是与自我意识、同情心和反省有关的结构。

十四、Focus on what you're doing（关注你在做的事情）

When you put your mind, heart and soul into what you're doing, you're creating a happiness state—called the "flow". When you're living in the flow, you're less likely to care about what others may think of you, and less bothered by things that are not that important. The result? More happiness, of course!

当你全身心投入一件事的时候，你就会处于一种幸福的状态中。当你处于这种状态，就不那么关心别人对你的看法，也不会被不那么重要的事情干扰。结果如何？当然是更幸福啦！

十五、Be optimistic（要乐观）

For happy people, the glass is always half-full. If your tendency is to imagine the very worst-case scenario every time you face a challenge, then train yourself to reverse that tendency. Ask yourself what good can come out of the situation or what you can learn from it. Optimism surely fuels success and happiness.

对于快乐的人来说，杯子总是半满的。每当你面对一个挑战时，如果倾向于想象最坏的情景，那就要进行自我转换，告诉自己能从中得到的好处或从中学到的东西。乐观肯定能带来成功和幸福感。

十六、Love unconditionally（无条件的爱）

No one is perfect. Accept yourself for all of your imperfections. And do so for others. Loving someone unconditionally does not mean that you need to spend all your time with them or help them figure out their problems. Unconditional love means accepting people as they are, and allowing them to find their own ways, at their own pace.

人无完人。接受你自己所有的不完美，同时也要这样对待别人。无条件地爱他人并不意味着你要花所有的时间和他们在一起，或者帮助他们解决问题。无条件的爱意味着接受真实的他们，允许他们找到自己的路与自己的节奏。

十七、Don't give up（永不放弃）

Unfinished projects and repeated defeats inevitably dampen one's self-esteem. If you've made up your mind to do something, see it through. Don't give up until you succeed. Remember, failure is temporary but defeat is permanent. And defeat only occurs when you give up.

没有完成的方案和不断的失败不可避免地会削弱你的自尊。如果你决定做某件事，就要完成它，在成功之前都不要放弃。要记住，失败是暂时的，战胜是永久的。只有当你放弃的时候，你才算被打败。

十八、Do your best and then let go（尽你所能，然后放手）

Everyone has limitations, and things don't always turn out to be what we'd like them to be—despite our efforts. So always give your best, and then let go. Let events run their course. When you've done your best, you'll have no regrets.

每个人都有局限性。而且有时候尽管我们很努力做一件事情，总会事与愿违。所以尽你所能，然后放手。当你尽了全力，就没有遗憾了。

十九、Take care of yourself（照顾好自己）

A healthy body is the key to happiness. If you have poor health, it's very difficult to be happy no matter how hard you try. So make sure you eat well, exercise and find time to rest. Take good care of your body, your mind and your spirit.

健康的身体是幸福的关键。如果你身体不好，你无论如何努力，都很难快乐。保证自己吃得好、常锻炼身体、有时间休息，使你的身体、思想和心理处于最佳状态。

二十、Give back（学会给予）

Doing good is one of the surest ways to feel good. According to Harvard, when people do good, their brains becomes active in the very same reward center that is stimulated when they experience other rewards. So it's not a surprise that people who care more about others are happier than those who care less about others.

做好事是确保你心情好的最可靠方法之一。根据哈佛大学调查，人们做好事时，大脑会变得活跃，就好像当你收到其他奖励时，大脑也会受到刺激。所以，那些关心别人的人要比不关心别人的人更开心。

附录4　大学生的人生标杆问卷

姓名：_____，性别：____，民族：_____，专业：_____，
出生年月：_____，年级：_____，来自：（城市___/农村___）
时间：_____　地点：_____

同学们，大家好！

　　这是一个有关大学生的人生标杆问卷，共23道题，请同学们根据自己的实际情况如实认真作答，不要漏掉任何一道题。

1. 你的梦想是什么？
   _____。
2. 你在小学接受的教育对你的梦想有帮助（没有帮助，有阻碍）？
3. 你在初中接受的教育对你的梦想有帮助（没有帮助，有阻碍）？
4. 你在高中接受的教育对你的梦想有帮助（没有帮助，有阻碍）？
5. 你在大学接受的教育对你的梦想有帮助（没有帮助，有阻碍）？
6. 小学老师需要怎样做才能使小学教育对实现你的梦想有帮助？
   _____
   _____。
7. 初中老师需要怎样做才能使初中教育对实现你的梦想有帮助？
   _____
   _____。
8. 高中老师需要怎样做才能使高中教育对实现你的梦想有帮助？
   _____
   _____。

9. 大学老师需要怎样做才能使大学教育对实现你的梦想有帮助？
　　_____
　　_____。

10. 请列举一位你心目中最成功的人士，并略述原因。
　　_____
　　_____。

11. 你想成为_____。（教师、医生、翻译、心理学家等）

12. 你想在哪个城市工作？什么单位？什么职务？
　　_____
　　_____。

13. 你最理想的工资是_____。

14. 你理想的人生另一半是什么样的？（年龄、职业、外表等）
　　_____
　　_____。

15. 你将来希望有几个孩子？为什么？
　　_____
　　_____。

16. 你计划什么时候结婚？为什么？
　　_____
　　_____。

17. 你想和谁保持友情（同班同学、一起谈得来的同辈人、同年级的同学、同学校的同学等）？
　　_____
　　_____。

18. 家长对你的梦想的态度（赞同、不赞同），为什么？
　　_____
　　_____。

19. 你认为要实现你的梦想取决于谁？为什么？
　　_____
　　_____。

20. 你人生的阶段性目标是：

一年后，想达到_____目标

三年后，想达到_____目标

五年后，想达到_____目标

十年后，想达到_____目标

十五年后，想达到_____目标

_____

_____。

21. 你认为影响你实现人生目标的因素是什么？为什么？

_____

_____。

22. 要克服这些影响你实现人生目标的因素，你需要做什么？

_____

_____。

23. 你认为自己能够实现自己梦想的概率是_____%，为什么？

_____

_____

_____。

后　　记

　　《精彩人生从心起航——大学新生心理健康认知》历时两年多终于完稿。本书的撰写是在作者多年从事"人生导航"课程，以及"大学生心理健康教育"课程的实践教学基础之上完成。本书依据高等师范院校大学新生的心理发展特征，以他们离开家乡刚刚踏入高校大门可能遇到的心理适应、自我意识、健全人格、情绪管理、人际交往、学业成就、心理危机及人生发展规划等心理问题为主题进行撰写，内容包含心理案例、心理知识、心理测试及心理拓展训练。本书将会成为高等师范院校大学新生的良师益友，帮助他们尽快适应大学生活，树立自己的人生目标，规划自己的大学生活及个人的生涯发展计划。

　　在此，非常感谢海南师范大学教务处给予课题组的教学平台——全校通识教育公共限选课程教学改革研究项目"大学生心理健康教育改革实验研究"，该项目的立项，为我们创造了直接给大学新生授课的机会，使我们的实践研究能够顺利开展；大学一年级一学年的选课人数不少于1200人，为本书的撰写提供了原动力。同时，也非常感谢我们的教学团队为本书的撰写给予的大力支持与帮助。

　　在本书的撰写过程中，我得到了家人与同事的爱心鼓励与大力支持，使得我满怀爱的力量顺利完成本书的撰写。在此特别感谢我亲爱的先生与儿子对我执着地督促与激励；满心感谢王诗晴老师为本书绘制寓意贴切的插图；还要感谢我的伙伴们——"大学生心理健康教育"教师团队的冯红霞老师、刘人瑞老师、齐梓帆老师的鼎力支持。

　　最后，满心盼望这本书能够为大学生的教育及其健全人格的培养带来些许启示。更盼望大学生们能够扮演好各自的角色，珍惜自己的青春年华，有效发展自我，不断提升自我、完善自我、超越自我，顺利完成学业，实现自己的人生目标，将来拥有一个精彩的人生。